POR QUÉ OTROS VAN
A FRACASAR EN EL AMOR...
PERO TÚ NO.

MIGUEL A. MARTÍN CÁRDABA

POR QUÉ OTROS VAN
A FRACASAR EN EL AMOR…
PERO TÚ NO.

EDICIONES RIALP
MADRID

© 2024 Miguel A. Martín Cárdaba
© 2024 by EDICIONES RIALP, S.A.
   Manuel Uribe 13-15 - 28033, Madrid
   (www.rialp.com)

Preimpresión: www.produccioneditorial.com

ISBN (edición impresa): 978-84-321-6723-2
ISBN (edición digital): 978-84-321-6724-9
ISBN (edición bajo demanda): 978-84-321-6725-6
ISNI: 0000 0001 0725 313X
Depósito legal: M-5209-2024

Impreso en España   *Printed in Spain*
Anzos, S. L. - Fuenlabrada (Madrid)

Advertencia para románticos sin solución:

Si tienes este libro entre tus manos probablemente eres alguien que cree en el amor. O al menos algo dentro de ti quiere creer en él. Bienvenid@. Estamos juntos en esto. Yo también creo firmemente en el amor. Es posible (muy posible) que según te sumerjas en estas páginas no siempre te lo parezca (especialmente durante los tres primeros capítulos). La razón es que no creo en esa versión del amor que muchas veces nos intentan trasladar hoy en día.

Precisamente porque creo en el amor, creo que es importante no confundirlo con lo que no es. Sucedáneos bellos y atractivos, pero tan llenos de trampas y de promesas vacías como un político en campaña electoral. Espejismos de cartón piedra. Efímeros fuegos artificiales tras los que solo queda el humo y el olor a quemado. Creo en un amor seguramente más difícil, pero, al mismo tiempo, incomparablemente más real, pleno y satisfactorio. Un amor que no es fruto de trucos e ilusiones sino de magia verdadera (echa un vistazo a los capítulos 4 y 7 si quieres saber a qué me refiero). Y, sobre todo, creo que es crucial elegir bien a la persona con la que vas a intentar crearlo y compartirlo (si te interesa esta parte no te saltes los capítulos 5 y 6).

En ocasiones, para construir es necesario primero derribar. Para llenar es preciso primero vaciar. Por eso, quizá este libro desafíe algunas, muchas o la gran mayoría de tus creencias sobre el amor. Quizá te haga sentir incómod@. Quizá te ponga furios@. Ojalá. Eso forma parte del proceso. Al fin y al cabo, ¿para qué leer un libro que te dice lo que ya piensas?

ÍNDICE

INTRODUCCIÓN

CUENTAN QUE EL 5 DE JULIO de 1687 un tipo imaginativo y despierto llamado Isaac afirmó que había una fuerza que mantenía tus pies pegados al suelo y por la cual no suele ser buena idea asomarse demasiado a un precipicio. La llamó fuerza gravitatoria y explicaba multitud de fenómenos inicialmente incomprensibles. ¿Te has preguntado por qué en la playa sube y baja la marea? Isaac sí. Era la mayor fuerza conocida en el universo hasta el momento, pero con el tiempo, otros sabios muy sesudos fueron descubriendo fuerzas aún más poderosas que también regían el mundo: la electromagnética, la nuclear... Pero lo cierto es que desde mucho antes, antes incluso de que fueran capaces de ponerle nombre, los seres humanos han experimentado otra fuerza mucho más intensa, mucho más palpable y mucho más potente: el amor.

Walter Raleigh era un hombre ocupado y, como diríamos hoy en día, de cierto éxito. Si fumas, probablemente debas agradecérselo a Walter, uno de los responsables de introducir el tabaco en Europa. John Lennon, que quería dejarlo y no podía, no se lo perdonó nunca. Incluso le dedicó una canción[1]. Además de traficar con patatas, participar en conspiraciones políticas, escribir versos mediocres, explorar territorios perdidos y batallar contra la Armada Invencible, también le quedó tiempo para el romance. Bastante, de hecho. Y no me refiero solamente al amor por la patria. Cuentan las malas lenguas que, de todas las mujeres que podía haber perseguido, se enamoró de la reina Isabel (Elisabeth, como a él le gustaba llamarla en la intimidad). Quizá no era la opción más segura, sobre todo si tienes en cuenta el reguero de cadáveres que unos cuantos incautos habían ido dejando al intentar conquistarla. Pero parece que Walter, que era un tipo resultón, acabó seduciendo a Su Majestad. Lo malo es que luego se enamoró de una de sus damas de honor y, una vez más en contra de todo buen juicio, decidió casarse con ella en secreto. No parecía buena idea engañar a una reina, pero él se encogía de hombros. Cosas del amor, decía. Como era de esperar, la reina no se tomó aquello del todo bien y Walter acabo prisionero en la torre de Londres y sentenciado a morir decapitado. Por suerte (¿tal vez por amor?), la reina Isabel acabó perdonándole. Moraleja: El amor te puede hacer perder la cabeza… Literalmente.

Hombre, podrías pensar, tampoco hay que exagerar. Tal vez se trata de un caso excepcional. Al

---

[1] Si eres de los que ahora se están preguntando que canción será esa, el tema se llama "I'm so tired". Disfrútala.

fin y al cabo, ¿qué se puede esperar de un pirata como Walter? Es el tipo de gente que lo arriesga todo por un botín. Pero lo cierto es que podríamos pasarnos horas contando historias de amores cuyos efectos han sido aún mucho más demoledores. La gente lucha por amor. La gente mata por amor. La gente muere por amor. No pocas peleas, batallas o incluso guerras han comenzado por amor. No pocas relaciones, amistades e incluso familias han sido destruidas por amor.

Ciertamente, el amor puede ser maravilloso. Por supuesto, el amor puede ser devastador. Pero de lo que no hay duda es que es una fuerza excepcionalmente poderosa. La gente hace locuras por amor. Y, en algunas ocasiones, auténticas locuras. En serio. Si no, dime a ver qué te parece esto. Carl Von Cosel era un médico alemán felizmente casado y padre de dos niñas. Por cosas de la vida acabó trabajando en un hospital en Florida, donde conoció a una paciente llamada Helen. En el mismo instante en el que Carl posó sus ojos en Helen, una fuerza desconocida y avasalladora se apoderó de él. A partir de ese momento, trabajó incansablemente por salvar a aquella mujer de la que tan profundamente se había enamorado. Puede resultar casi romántico... si no pensamos demasiado en la mujer de Carl, claro. Desgraciadamente, Helen murió a los tres meses. Aunque su vida se había extinguido, el amor que Carl sentía por ella siguió ardiendo con más fuerza. Tras el entierro, Carl ofreció a la familia construir con su dinero un costoso mausoleo donde Helen pudiese descansar eternamente. Mmmm... ¿Sospechoso, no crees? Una vez construido el mausoleo, Carl abandonó la medicina para pasar allí la mayor parte de su tiempo. Mmmm… Inquietante, ¿verdad? Pero la historia se transformó en algo realmente diferente cuando Carl decidió desenterrar el cuerpo de Helen y llevarlo a su casa donde vivió y durmió con su cadáver durante 7 años. No sé, pero diría que esto puede resultar excesivo incluso si eres un romántico empedernido como yo.

Quizá la historia de Carl es única, pero una infinidad de poemas, óperas, canciones, novelas, películas, etc., indican que el amor es una experiencia universal en la que todos podemos vernos reflejados. El amor es una fuerza desconcertante porque, además, puede presentarse de muchas formas distintas. Algunas veces se manifiesta como una fuerza arrolladora y huracanada, otras como el calor tenue y reconfortante del sol en una mañana de invierno, otras como una resistente, suave y envolvente tela de araña… Sabemos que el amor entre dos amantes no parece el mismo que entre dos amigos. Y este último nada tiene que ver con el de una madre con su hijo, ni este con el de un hijo por su madre. Y, aunque podemos palpar claramente las diferencias entre ellos, también podemos acariciar con la punta de los dedos de nuestra intuición sus semejanzas.

En cualquier caso, todos hemos experimentado en algún momento y en alguna de sus formas la fuerza de eso que hemos llamado amor. Una fuerza que nos mantiene unidos y nos hace girar unos alrededor de otros de un modo tan eficaz como la gravedad de Newton lo hace con los planetas. Una fuerza que sentimos y, sorprendentemente, desconocemos prácticamente a partes iguales. Por eso las preguntas son muchas. ¿En qué consiste realmente esa fuerza? ¿De qué está hecha? ¿Cuál es su verdadera esencia? ¿Cómo nos afecta? Y sobre todo ¿podemos controlarla?

1.
PRINCIPITOS, MEDIAS NARANJAS
Y MANDARINAS
(o ¿y si hay alguien mejor?)

ADVERTENCIA: LO QUE ESTÁS a punto de leer puede generar hipertensión, insomnio, congestión intestinal y dolor de cabeza. Algunas medicinas saben mal, pero son necesarias. Aquí va una cucharada.

El principito[1], uno de mis libros favoritos, cuenta la historia de un niño que vivía solo en su minúsculo planeta. Su vida era atareada pero sencilla. Simple, aunque ligeramente vacía. Limpiar sus tres volcanes y ver puestas de sol. Y ya. Pero todo cambió cuando alguien nuevo llegó a su mundo. Una flor. Pero no una flor cualquiera como esas que habían crecido otras veces en su planeta. Esta era diferente. Sus pétalos eran más abundantes, su color era más vivo, su fragancia era más arrebatadora, y su belleza deslumbrante. Coqueta y no demasiado modesta, pensaba el principito, ¡pero tan hermosa y conmovedora...!

---

[1] De Saint-Exupéry, A. (2004). *El principito*. México D. F.: Publimexi.

No, no solo era diferente. ¡Era única! Y en ese instante, el principito supo que se había enamorado de su flor.

Pero nadie dijo que el amor fuera fácil. Quizá el principito era demasiado joven, quien sabe. El caso es que la cosa no fluía y el principito, aprovechando una migración de pájaros silvestres, se marchó para viajar y ampliar horizontes. Y ahí empieza lo interesante, porque cuando el principito llegó a la tierra, su visión del universo cambió. Como un miope que descubre las gafas por primera vez. Y es que no hay nada como ver mundo. O estrellarte contra él. Fue en uno de sus paseos cuando el principito se topó con un jardín. Un jardín repleto de rosas. Efectivamente, rosas como aquella flor tan especial que apareció en su planeta. Solo que aquella dijo que era única, y aquí había cientos. *Shock*. Y después, inseguridad y duda.

Borges decía que uno está enamorado cuando se da cuenta de que la otra persona es única. El problema viene cuando tarde o temprano descubres que quizá no es tan única como creías. Todos los psicólogos coinciden. Enamorarse es engañarse un poco. A veces muchísimo. Un cerebro recién enamorado es un cerebro en pleno colocón. Gracias a un peculiar baile de hormonas y neurotransmisores, el sol brilla más hermoso que nunca, los pájaros afinan aún mejor sus melodías, el aire es más puro y más limpio… y hasta el taquillero del metro parece simpático. El mundo se vuelve de color de rosa y tu ser amado… rosa fucsia. Hombre, nadie es perfecto. Claro que el otro tiene sus cosillas. El amor es ciego, pero no tanto. Pero esos pequeños e insignificantes defectos le hacen aún más encantador. Esa verruga es la más bonita que has visto. De hecho, si te fijas bien es un lunar. De los sexis.

Luego vienen las malas noticias. La química del cerebro vuelve poco a poco a la normalidad. El lunar se convierte de nuevo en verruga y la rosa que era única se convierte en una más. Bernard Shaw, que era un poco menos romántico que Borges, decía que en el fondo enamorarse no es sino exagerar la diferencia entre una persona y todas las demás. Y esa exageración tiende a caducar. Aquí los psicólogos vuelven a asentir todos al unísono con expresión apesadumbrada. La cosa es seria. ¿Sabes por qué? Porque también te va a pasar a ti.

Roberto era ese joven misterioso que había llegado nuevo al último curso del instituto. Chupa de cuero, moto y mirada silenciosa. Eso fue suficiente para cautivar a Julia. No había nadie como él. A los cinco minutos de empezar la relación Julia ya tenía claro los nombres de sus tres futuros hijos. Pasó el verano y Julia empezó la universidad. Allí se sentó al lado de Esteban. Esteban no tenía moto, tenía coche. Era más listo que Roberto y mucho más sofisticado. Y realmente sabía escuchar. Julia acababa de encontrar una rosa mejor que la suya. Crisis.

Lucas y Maite hacían una buena pareja. El proyecto parecía sólido y los planes sobre un futuro común estaban ya encima de la mesa. El ascenso laboral de Lucas, y el mejor sueldo que vendría con él, facilitaban finalmente las cosas. En su primer día en la nueva oficina le presentaron a Samantha, su futura compañera de trabajo. Lucas tragó saliva. Nunca había visto una sonrisa igual. Era dulce, resolutiva e independiente. Si escuchabas con atención se podía oír el sonido melodioso de unos violines lejanos cada vez que ella entraba en la oficina. Según pasaban los días la melodía iba *in crescendo*. Era tan fácil hablar con ella. Era tan sencillo reír con ella. Lucas acababa de encontrar una rosa mejor que la suya. Crisis.

El tema se complica. Hay muchas rosas ahí fuera y muchas son más bellas que la tuya. Sé que parece difícil, pero es verdad. Si estás bajo el hechizo del amor pensarás que como tu pichurrín no hay nadie. En eso precisamente consiste el hechizo. Pero seamos desagradablemente honestos. En el mundo hay 8000 millones de personas. ¿Cuál es la probabilidad real de que tu ser amado sea esa persona mejor que la cual no podrías encontrar ninguna otra? Lo sé. Mejor no hagas el cálculo.

Ok. Claramente es poco realista decir que la persona de la que te has enamorado es la más noble, la más lista, la más bella, la más romántica, la más virtuosa, la más detallista, la mejor. El asunto es difícil de procesar y el estómago se te encoge un poco. Es entonces cuando tu cerebro intenta su siguiente truco, y con voz muy suave te susurra «Vale, quizá no es la mejor persona comparada con las demás, pero no hace falta, porque sí que es la mejor… para ti. No es perfecta, claro que no. Nadie lo es. Pero nadie más encajaría tan bien contigo ¿no crees? Sois como dos piezas de puzle hechas la una para la otra y unidas por el destino, ¿verdad?». Eso suena mejor. Vuelves a respirar tranquilo. No es que quiera fastidiarte el momento, pero… ¿en serio? Vamos a pensarlo más despacio ¿seguro que de entre esos 8000 millones que pueblan la tierra no es probable que haya alguien que pudiera entenderte mejor, cuidarte mejor, y encajar todavía mejor contigo? Quizá tienes razón. No quiero yo sonar escéptico, pero parece mucha casualidad que esa persona tan especial y absolutamente perfecta para ti sea justo el amigo de tu primo Felipe y viva en la calle de enfrente, ¿no?

Asúmelo. Siempre hay una rosa más bella ahí fuera esperando. De eso no hay duda. La duda surge cuando tienes que decidir qué hacer al respecto. Si siempre puedo encontrar alguien mejor ¿qué sentido tiene comprometerme con nadie? Cuando dices que sí, dices que no a un montón de personas mejores que la que has elegido. Lo voy a volver a escribir porque esto es importante. Cuando dices que sí, dices que no a un montón de personas mejores que la que has elegido. Sí. Se ponen los pelos de punta solo de pensarlo.

Una vez escuché a alguien decir que está muy bien buscar a tu media naranja, pero que mientras llega, lo mejor es hincharse a mandarinas. Otro romántico. ¿Pero cómo sabes quién es una mandarina y quién una naranja? Si me comprometo con lo que parece mi naranja y luego aparece LA SÚPER NARANJA, ¿qué demonios hago? ¿y si resulta que no hay más que mandarinas? ¿se puede amar a dos naranjas? O mejor todavía ¿tiene siquiera sentido amar a una naranja? ¿y si lo único que se puede hacer es exprimirlas y cuando se acaba el jugo tirar la cáscara? Demasiadas preguntas, lo sé. Quizá creas que te explota la cabeza. Justo así se sentía el principito.

2.
AMOR AL MICROSCOPIO
(o lo que los científicos piensan del amor)

EL AMOR ES UNA REALIDAD central en nuestras vidas. Y, sin embargo, tiende a escaparse más allá de nuestro control. Sopla cuando él lo decide y en la dirección que él mismo decide. Se deja sentir e incluso acariciar. El problema viene, como con los unicornios, cuando intentas atraparlo. Y todos queremos atraparlo, porque cuando lo pruebas, quieres seguir bebiendo de esa fuente para siempre.

No es fácil definir el amor. Si le preguntas a tu vecino de enfrente quizá recurra a eso de las mariposas en el estómago. Un clásico. Si tu vecino es Shakespeare te dirá que el amor es «un humo hecho con el vapor de los suspiros». Que probablemente significa lo mismo, pero queda mucho más sofisticado. ¿Mariposas? ¿Suspiros? No es solamente que la gente sea cursi (que también), es que cuando te enfrentas a algo tan difícil de definir no queda más remedio que escapar al mundo de las metáforas y recurrir a la poesía. Los seres mágicos solo pueden ser cazados con hechizos.

El problema es que intentar comprender la realidad mediante la poesía es como intentar atrapar el agua con la mano. En cuanto la cierras se te escurre de nuevo. La poesía puede generar esa engañosa y bella ilusión de que entiendes algo cuando en realidad no lo entiendes del todo. Es como el resplandor tenue y oscilante de una cerilla en una habitación sin luz. Te permite entrever por unos instantes lo que te rodea, pero en cuanto se apaga te vuelves a quedar a oscuras. Y con los dedos quemados. Por eso, los científicos, personas con bata y obsesionados con medirlo todo, llevan décadas luchando por atrapar y diseccionar el amor. ¿Qué es? ¿Cómo surge? ¿Cuánto pesa? Intentan fotografiarlo, medirlo y disecarlo con sus aparatos de última generación. Por fin gente seria.

«Pobres ilusos», puedes estar pensando con una sonrisa condescendiente. «Medir el amor sí que es como intentar encerrar un rayo de sol en un frasco de colonia». Pues toma asiento porque aquí viene algo que quizá te sorprenda. Afirman que por fin lo han conseguido. Por fin han encontrado la respuesta. Han descifrado el código. Han capturado al unicornio. Como lo oyes.

Para los psicólogos, esos científicos que estudian la mente humana, si algo existe es porque tiene una función. Porque nos ayuda a sobrevivir. Steven Pete es un hombre raro. En sentido literal. Es tan poco común que solo hay un caso como el suyo cada millón de personas. A los pocos meses de salirle los primeros dientes ya se había comido casi un cuarto de su propia lengua. Como era de suponer, sus padres decidieron que probablemente era un buen motivo para llevarle al pediatra. Después de examinarlo detenidamente, la prueba definitiva llegó cuando su médico le pasó la llama de un mechero por la planta del pie. El pequeño Steve ni siquiera pestañeó. Padecía analgesia congénita, la incapacidad de sentir dolor. Una vida sin dolor. Imagínatelo. Alguien podría tener la tentación de pensar que eso es una bendición. Steve no está de acuerdo. Su lengua tampoco. Y sus padres aún menos. Todavía se preguntan cómo consiguieron mantener vivo a un niño que cada poco tiempo entraba en casa sangrando por un sitio diferente. Su cuerpo no le avisa cuando algo no funciona y eso es letal.

El ser humano está tejido con mecanismos que, como el dolor, le permiten sobrevivir. La sed nos revela que es hora de hidratarse y el hambre nos indica cuándo es conveniente ingerir calorías. Y con las emociones pasa lo mismo. Es difícil imaginar cómo podría haber progresado el hombre de las cavernas sin haber sentido cierta curiosidad por su entorno y también es difícil imaginar cómo podría haber llegado a viejo si no hubiese sentido miedo a nada. Si había alguien así, murió intentando acariciar serpientes. Las emociones cumplen una función. Todas y cada una de ellas.

Por eso, cuando los científicos[1] se acercan anhelantes al amor la pregunta es obvia: ¿Por qué existe el amor? ¿Qué función cumple? ¿Para qué sirve? Como siempre, para ellos tiene que ver con la supervivencia.

---

[1] Para ver un buen ejemplo de esta perspectiva científica sobre el amor puedes consultar el libro *Por qué amamos* de la antropóloga Helen Fisher.

Pero en este caso no con la supervivencia del individuo, sino con la de la especie. Palabras mayores.

Según ellos, lo que llamamos amor no es sino el mecanismo que ha instaurado la naturaleza en cada uno de nosotros para asegurarse que nuestra especie posee las mayores probabilidades de perpetuarse. ¿Cómo? Impulsándote a buscar y encontrar una pareja adecuada y unirte a ella el tiempo suficiente como para poder tener descendencia y poder criarla hasta garantizar su supervivencia. Para ello la naturaleza ha creado tres subsistemas que se entrelazan e interactúan entre sí: el deseo, el amor romántico y el apego o cariño. Empecemos.

Los hilos de la atracción

El deseo o atracción sexual quizá no requiere de mucha explicación. Según parece nació para motivar a nuestros antepasados a buscar la unión sexual con casi cualquier pareja. Casi. Ese casi es importante. Tenemos preferencias. No todas las personas nos resultan igual de atractivas y deseables sexualmente. Eso es indiscutible. Lo interesante es que, además, hay cierto consenso sobre quiénes son las personas más atractivas. Ciertas mujeres aparecen en las portadas de las revistas masculinas porque resultan atractivas a casi todos los hombres. Algunas mujeres nunca aparecerán en esas revistas porque no resultan atractivas a casi ninguno. A la inversa pasa lo mismo.

Algunos de los rasgos que despiertan nuestra atracción tienen un carácter cultural, pero otros están grabados en nuestra biología. Que nos guste una piel más clara o más oscura, por ejemplo, puede depender de la cultura o del momento histórico. Cuando una piel morena es señal de la necesidad de trabajar en el campo y una piel pálida es señal de tener tantos sirvientes y dinero que no te hace falta salir de tu palacio de oro, la gente huye del sol todo lo que puede. En cambio, en una sociedad donde estar pálido es un signo de trabajar 12 horas al día bajo un triste flexo de oficina y estar moreno significa haber estado jugando al golf en la costa con tus amigos millonarios, entonces la gente se precipita dentro de las cabinas de rayos uva y el melanoma comienza su reinado. Estatus y atractivo son dos íntimos amigos que suelen salir a jugar juntos.

Sin embargo, la figura femenina que más atrae a los hombres es algo que se mantiene inmutable a lo largo del tiempo e independientemente de las culturas. En concreto, todos los estudios[2] muestran el efecto arrebatador de una mujer cuya cintura mide el 70 % del ancho de sus caderas. Aunque tú no tengas ni la más remota idea de lo que eso significa, el cerebro masculino está diseñado para interpretarlo automáticamente como un indicador relevante de estrógeno y de fertilidad. Igualmente, las mujeres se ven atraídas (y especialmente cuando están ovulando) por rostros masculinos de pómulos marcados y mandíbula fuerte. En esos pómulos de acero se puede leer un cartel luminoso e irresistible que dice "testosterona de alta calidad".

---

[2] Henss, R. (1995). Waist-to-hip ratio and attractiveness. Replication and extension. Personality and Individual Differences, 19(4), 479-488.

En definitiva, todos los rasgos que determinan nuestro *sex appeal* de un modo universal (simetría de cara y cuerpo, piel lisa y suave, ojos brillantes, pelo resplandeciente, tono muscular firme, etc.) no son otra cosa que señales de juventud, salud y fertilidad. Los tres requisitos que tu cerebro busca inconscientemente y que según las leyes de la naturaleza son imprescindibles para aumentar tus probabilidades de tener una descendencia fuerte y sana. Por eso, cuando entras en un garito y tu cerebro identifica esos marcadores, las compuertas se abren y la marea de la testosterona comienza a fluir.

LA ALQUIMIA DEL ENAMORAMIENTO

Pero además del deseo o la atracción, los expertos han identificado otro mecanismo psicológico diferente que han denominado "amor romántico" o "enamoramiento". La diferencia principal con el fenómeno del deseo o la atracción física es que el enamoramiento se focaliza en una única persona. Todas las demás opciones dejan de tener sentido. Se vuelven superfluas e irrelevantes como la "p" de "psiquiatra". Ninguna otra está a la altura del ser amado. Su función es centrar todas las energías en un único candidato. Por eso, los enamorados están dispuestos a entregar su corazón sin reservas ¿para quién más podrían necesitarlo? Pero también exigen exclusividad. Nada de compartir. Incluso los comunistas, cuando se enamoran de verdad, empiezan a defender la necesidad de la propiedad privada.

Falta todavía desentrañar con exactitud el cóctel químico responsable del enamoramiento, pero hay al menos dos ingredientes que no pueden faltar para una receta de éxito: la dopamina y la norepinefrina. Por lo visto, si coges a una hembra de ratón y le inyectas un químico que aumenta la producción de dopamina empieza a mostrar preferencia por cualquier ratón macho que esté presente en ese momento, y esa preferencia permanece en el tiempo aun cuando nuevos ratones, por muy apuestos que sean, entran en escena. Y también funciona al revés. Cuando la inyección inhibe la producción de dopamina esa preferencia se esfuma con la misma rapidez con la que aparece. Ahhhh... qué efímero es el amor. Después de todo, parece que el humo de los suspiros del que hablaba Shakespeare podría no ser más que el efecto de la dopamina burbujeando en el cerebro. Los científicos son pura prosa. Cada vez que un científico entra en una habitación, la poesía se evapora y la magia y el romanticismo saltan por la ventana.

Según los estudiosos del cerebro, la dopamina y norepinefrina son dos de los estimulantes naturales más potentes. Cuando su presencia se incrementa aumenta también la intensidad emocional, la fijación y la obsesión ante la posible consecución de un objetivo concreto y la motivación inquebrantable ante cualquier obstáculo para alcanzarlo. ¿Te suenan estos síntomas? Un buen subidón de dopamina y te sentirás capaz de cruzar los mares y escalar montañas en busca del ser amado para fundirte en un abrazo eterno hasta el final de los tiempos. Suena muy bonito. No siempre lo es. Estar dispuesto a realizar cualquier sacrificio por amor también podría tener consecuencias nefastas. Hay poca gente más peligrosa que alguien enamorado. Por eso, durante una parte importante de la historia el enamoramiento ha sido considerado, no como algo deseable que anhelar, sino como algo inquietante de lo que protegerse. Una locura transitoria que te puede llevar a fugarte de casa, abandonar a tu familia, renunciar a tu herencia, cometer un crimen o aún peor... hacerte un tatuaje. Un arrebato así es lo último que querrías para ti, para tus amigos y, sobre todo, para tus propios hijos. Romeo y Julieta no fueron creados para ser una inspiración, sino una advertencia[3]. No es por hacer *spoilers*, pero la historia no termina bien.

Otra cosa a tener en cuenta es que la dopamina es una sustancia íntimamente relacionada con las adicciones. Tendemos a engancharnos a aquellas conductas o estímulos que provocan un aumento de la dopamina en los centros de recompensa del cerebro (sí, eso explicaría en parte tu problema con el chocolate). Y el ser amado tampoco es una excepción. El cerebro de un enamorado pensando en su amada se comporta de un modo similar al de un cocainómano a punto de recibir su dosis. Pero igual que pasa con las demás drogas (según me han contado), poco a poco se produce un proceso de adaptación por el que necesitas una dosis mayor para poder experimentar la misma respuesta. Por eso, según pasa el tiempo, la novedad

---

[3] Esta original perspectiva sobre Romeo y Julieta la encontré por primera vez en otro de mis libros favoritos: *El sutil arte de que (casi todo) te importe una mierda*. Su autor, Mark Manson, es posiblemente uno de los escritores más interesantes que existen en la actualidad. Échale también un vistazo. Creo que no te arrepentirás.

se apaga, las mariposas de tu estómago se cansan de revolotear y llega el día en que prefieres volver a quedar con tus amigos. Y si el hechizo desaparece, ¿cuál es la única manera de experimentar la misma magia de nuevo? Pues volver a empezar el proceso con alguien diferente. «Se nos acabó el amor —dirán—, qué se le va a hacer». Y mientras, empezarán a buscar disimuladamente su próxima dosis. Es frecuente encontrar personas que están más enganchadas al "amor" que al ser que supuestamente lo provoca.

Locura transitoria, obsesión, adicción... ¿Para qué necesita la naturaleza un mecanismo tan poderoso? Para muchos, ese estado de enajenación provocado por el enamoramiento es necesario para confundirnos lo necesario y el tiempo suficiente como para hacer algo que, si pudiéramos pensar despacio, quizá no haríamos. Efectivamente, me refiero a tener hijos (y lo que viene con ellos). Si tienes hijos adolescentes ya sabes de lo que te estoy hablando. Y si no, simplemente puedes fijarte en las canas y las ojeras de tus padres. Según este enfoque, el amor no está a nuestro servicio, sino que es él quien nos usa para conseguir sus propios fines. Nos creíamos el jinete y no somos más que el caballo. Simples esclavos de la "voluntad de la vida" que diría Schopenhauer. Solamente cuando los niños corren por el jardín, nos damos cuenta de que hemos sido engañados.

EL ENIGMA DEL APEGO

Pero entonces, señores científicos, si lo que llamamos amor no es más que una brillante estratagema de mamá naturaleza para llevar a los humanos a tener descendencia ¿por qué hay personas que continúan juntas incluso después de esa fase? «Me alegra que me hagas esa pregunta», responden mientras se ajustan las gafas y se abrochan la bata.

Las "historias de amor" en la gran mayoría de los mamíferos suelen seguir un mismo guion: una hembra entra en fase de fertilidad y su cuerpo comienza a emitir señales visibles para la comunidad masculina. Los machos, atraídos por esa llamada irresistible, compiten entre sí para ver quién se lleva el premio de traspasar su ADN a la siguiente generación. Cuando uno de ellos se impone, comienza la luna de miel. Meses después, con el nacimiento de la cría se activa otro mecanismo clave de la supervivencia: el vínculo entre madre e hijo. A partir de ese momento, papá pasa a un segundo plano. Apartado y con la satisfacción del deber cumplido, no le queda más remedio que volver a su vida de soltero y reemprender la búsqueda de su próxima conquista.

En el caso de los humanos es diferente, porque sus crías también lo son. A diferencia de otras especies, las crías humanas nacen siendo sorprendentemente inmaduras y dependientes (y según mi madre, algunas se quedan en ese estado). Una gacela recién nacida puede tardar unos minutos en estar dando saltos por la pradera, pero un humano tardará casi dos años en conseguir un cerebro lo suficientemente maduro como para que pueda empezar a controlar su propio cuerpo. Esta estrategia, que tiene sus ventajas evolutivas, obliga a los padres a quedarse a echar una mano ya que la madre, al menos originariamente, no podía encargarse ella sola de conseguir comida suficiente y cuidar al mismo tiempo de una cría tan vulnerable.

Criar hijos es un trabajo de dos. Y, para ello, la naturaleza saca de la manga su último truco: cada vez que dos personas tienen relaciones sexuales la química de su cerebro vuelve a transformarse. Los niveles de vasopresina suben y los de oxitocina se disparan. El efecto es inmediato. La sensación de unidad y confianza mutua se acrecienta transformando a los protagonistas. Ya no son solo amantes. Ahora empiezan a mirarse como compañeros. Ese es el motivo por el que, según los estudiosos, no suele ser buena idea tener sexo con alguien con quien no quieres comprometerte. Al parecer es algo así como regar las plantas esperando que no crezcan. Desde luego, quien bautizó a la oxitocina como la "hormona del vínculo", no lo hizo por capricho. Y, de este modo, con la aparición del cariño, se pone en marcha el tercer subsistema de la experiencia amorosa. Esos sentimientos de afecto y conexión duradera por nuestra pareja evolucionaron, según los expertos, para impulsarnos a permanecer unidos el tiempo suficiente como para poder criar juntos a nuestro pequeñín.

Deseo, pasión romántica y cariño. Son tres notas que pueden sonar de manera aislada e independiente, pero cuando aparecen juntas puede escucharse la melodía del amor en toda su plenitud. Ahora bien, la siguiente pregunta que quizá deberíamos hacernos es ¿es posible hacer sonar esa melodía eternamente?

3.
EL SECRETO DEL DIPLOZOON
(o ¿puede el amor durar para siempre?)

«Y FUERON FELICES PARA SIEMPRE». Muchos cuentos, películas e historias de amor terminan de esta manera. Nos dejan con una sonrisa en la boca y un suspiro en los labios. Y de algún modo, poco a poco y cuento a cuento, va arraigando en nuestra mente la idea de que, si tienes la suerte de encontrar el amor verdadero, si el destino está de tu parte, a ti también te pasará. Que vayan preparando las perdices.

Pero si cierras los cuentos, apagas la televisión y miras las estadísticas, la realidad muestra un rostro muy diferente. Mucho más sombrío. En occidente, aproximadamente la mitad de las parejas casadas se divorcia. La mitad. Pero claro, a ese dato hay que sumarle un 15 % adicional de parejas que se separa pero que no completa los formularios del juzgado. Y, por último, no nos olvidemos de ese 7 % de parejas que permanecen juntas... pero crónicamente infelices. Eso significa que dos tercios de nuestras historias de amor tienen un final ligeramente diferente al que nos suele vender Hollywood[1].

¿Cuál es entonces el problema? ¿Por qué nuestros amores no son como el de los príncipes y las princesas? Existen al menos dos posibilidades. Tal vez el nuestro no era un amor con mayúscula. «Si no era eterno es que no era verdadero», dirán algunos. Es lógico, un tesoro tan valioso no debería ser fácil de encontrar. Quizá solo unos pocos afortunados pueden ganar esa lotería. En ese caso, supongo que lo importante es no desanimarse. Como decían las tapas de yogur: "Sigue buscando". La otra posibilidad, sin embargo, es probablemente más amarga. Y es que tal vez nunca tuvo sentido pensar que el amor debía durar para siempre. «¡¿¿Cómo??! ¡¿Pero qué insensatez es esta?!», retumban escandalizadas en tu cabeza las voces de los protagonistas de Disney. Lo sé, lo sé. Pero antes de cerrar indignado estas páginas y arrojar este libro a la hoguera por herejía, permítete considerar durante unos segundos esta peligrosa pregunta… ¿y si fuera verdad?

Los tipos serios de las batas y los microscopios no tienen ninguna duda al respecto. Para ellos, lo realmente sorprendente es que hayamos llegado a creer lo contrario. Afirman, mientras se llevan amordazados a la Cenicienta y a sus amigos, que desde un

---

[1] "The Science of Happily Ever After: What Really Matters in the Quest for Enduring Love" de Ty Tashiro". Ver Tambien Huston, T. L., J. P. Caughlin, R. M. Houts, S. E. Smith, and L. J. George. "The Connubial Crucible: Newlywed Years as Predictors of Marital Delight, Distress, and Divorce". Journal of Personality and Social Psychology 80 (2001): 237–52

punto de vista evolutivo no parece que tenga ninguna ventaja que una pareja siga junta de manera indefinida. Si les dejas, podrían llevarte a sus laboratorios y aleccionarte durante horas sobre los beneficios que la diversidad genética tiene sobre la salud de la especie. Permíteme que te lo resuma de un modo "técnico": cuanta más mezcla, mejor. Y claro, las relaciones largas y exclusivas no favorecen la diversidad precisamente. De hecho, en el mundo animal, la mayoría de las especies que se emparejan para procrear, solo permanecen juntas el tiempo suficiente para asistir a sus crías durante su infancia[2]. En cuanto la cría puede valerse por sí misma, se acabó lo que se daba. Y sus próximos descendientes los tendrán con parejas distintas. Monogamia sucesiva, lo llaman. ¿Y si nosotros no somos diferentes?

Es cierto que, aunque son una excepción, también hay animales que se emparejan de un modo indefinido. Pingüinos y agapornis, por ejemplo. Algunos dicen que el animal más romántico es el cisne. Es razonable. Los cisnes se emparejan de por vida y cuando, frente a frente, juntan sus picos... sus cuellos dibujan un corazón. Llámalo romántico, llámalo cursi. Pero ya me contarás cómo se supera eso. Pues se puede. El diplozoon paradoxum es la prueba viviente de la pasión eterna. Se trata de una especie extraña de gusano parasitario enano y aplastado que vive en las branquias de algunos peces de agua dulce. Sé que así dicho no suena muy romántico, pero no

---

[2] Fisher, H. (2005). Why we love: The nature and chemistry of romantic love. Macmillan.

seamos superficiales. El caso es que cuando el diplozoon encuentra a su pareja se une a ella y, lentamente,
se fusionan físicamente en un solo cuerpo de tal modo
que ni la muerte puede separarles. Punto, set y partido
para el diplozoon. Walt Disney estaría orgulloso.

Un momento, señores científicos, pero… ¿y si resulta que nosotros, los humanos, pertenecemos a ese
3 % de especies comprometidas con el amor durade-
ro? ¿acaso no es eso posible? "Poco probable", responden con cierta condescendencia mientras sacan
de nuevo a pasear sus flamantes gráficas y estadísticas
sobre infidelidades, separaciones y divorcios. *Touché*.
Lo cierto es que, si nuestra especie pertenece al grupo
de los agapornis y los caballitos de mar, lo disimula-
mos terriblemente bien.

La infidelidad no es precisamente una excepción
sino algo extendido en prácticamente todas las sociedades humanas conocidas. De hecho, el creciente
uso de pruebas genéticas está poniendo cifras a lo
que la sabiduría popular ya intuía. Los datos varían
de estudio a estudio, pero la conclusión es la misma[3].
Hay un elevado número de niños y niñas que están
llamando "papá" a la persona equivocada.

Deseo, amor romántico y cariño pueden ir de la
mano y en armonía, pero son sistemas claramente

---

[3] Larmuseau, M. H. (2022). Mommy's baby, daddy's maybe: Misat-
tributed paternity in a nationwide blood group database. Journal
of internal medicine. Newbury Park, Calif., 1989, currens, 291(1),
joim-13357; Bellis, M. A., Hughes, K., Hughes, S., & Ashton, J. R.
(2005). Measuring paternal discrepancy and its public health con-
sequences. Journal of Epidemiology & Community Health, 59(9),
749-754.

independientes que se combinan de diferentes maneras. Desde luego, parece una experiencia común sentir como surge el deseo o incluso el amor romántico por una persona mientras se sigue experimentando cariño por otra. Es como si estos diferentes sistemas emocionales hubieran evolucionado para permitir que hombres y mujeres mantuvieran varias relaciones a la vez. O, quizá aún más probable, de manera sucesiva.

Según estiman los antropólogos al estudiar las tribus cuyo modo de vida se asemeja más al de las sociedades prehistóricas de cazadores-recolectores, nuestros antepasados tenían un hijo cada cuatro años aproximadamente[4]. Parece que estos largos ciclos están relacionados con el estilo de vida nómada y el efecto inhibidor que suele tener la lactancia materna prolongada sobre la ovulación. Ahora una adivinanza: ¿Cuál dirías que es la duración media de las parejas que se separan o se divorcian? Efectivamente, también cuatro años[5]. Tocado y hundido. No hay más preguntas, señoría. Según nuestros antropólogos el ciclo del amor está diseñado para durar alrededor de 4 años. A partir de ahí la cosa se pone difícil. Varios mecanismos psicológicos se encargan de ello.

---

[4] Lancaster, J. B., & Lancaster, C. S. (2017). The watershed: Change in parental-investment and family-formation strategies in the course of human evolution. In Parenting across the life span (pp. 187-206). Routledge.

[5] Fisher, H. (2016). Anatomy of love: A natural history of mating, marriage, and why we stray. WW Norton & Company.

No soy mucho de difundir rumores, pero supongo que siempre se puede hacer una excepción si es por un fin noble y en nombre del amor, ¿no? Cuentan que un personaje conocido había logrado conquistar a una mujer famosa por su belleza y su *glamour*. Un día, sin embargo, varios de sus amigos le encontraron en compañía de otra señorita que tal vez no podía competir ni en belleza ni en *glamour*, pero, eso sí, parecía muy cariñosa. Después, cuando llenos de incredulidad le preguntaron qué hacía con aquella chica tan vulgar teniendo a semejante mujer en casa, nuestro protagonista contestó sin inmutarse: «Cuando todos los días comes jamón del bueno, a veces te apetece un poco de mortadela».

Y es que, a partir de un número de reiteraciones, cuanto más repites una experiencia placentera, menos placer extraes cada vez de ella. Podría llamarse el "principio del jamón y la mortadela", pero los psicólogos, siempre fieles a sus manías, han preferido llamarlo el "*principio de la adaptación hedónica*". Y se aplica a cualquier cosa que te proporcione placer. Coge tu canción favorita, escúchala todos los días varias veces y, en poco tiempo, incluso el Reguetón te parecerá una forma más amable de tortura. Sin duda, este principio ayuda a explicar nuestra inclinación a perseguir la variedad y buscar lo novedoso. El amor no es una excepción. Duerme por primera vez con el hombre o la mujer de tus sueños y experimentarás una explosión inolvidable de sensaciones. Hazlo suficientes veces y es posible que cualquier otra persona empiece a despertar más tu interés.

Según este principio, si quieres seguir disfrutando de algo no deberías experimentarlo de manera constante. Lo recomendable sería dosificarlo, dejar el jamón ibérico solo para los días de fiesta. No vaya a ser, que como dicen los folclóricos, se te rompa el amor de tanto usarlo. Quizá por eso mucha gente piensa que el matrimonio y el romance son, como el agua y el aceite, dos realidades que no se mezclan bien. Como advertía Balzac, el matrimonio debe combatir sin tregua un monstruo que lo devora todo: la costumbre. «No hay duda de que el matrimonio acaba con el romance», añadía Groucho Marx. «Cada vez que tengo un romance mi mujer intenta acabar con él».

Nuestro cerebro está tan orientado a la búsqueda de la novedad que los estímulos que permanecen constantes dejan de llamar tu atención. Simplemente te acostumbras a ellos y dejas de percibirlos. Aquella foto tan especial que pusiste de fondo de pantalla, con el paso del tiempo, se ha vuelto invisible. Y de la misma manera, en cuanto la persona amada deja de tener secretos para ti, empieza a volverse progresivamente transparente y tu atención se dirige hacia estímulos nuevos cuyos secretos y misterios estén aún por desvelar.

Algunas veces, la gente se sorprende cuando uno de los miembros de la pareja deja a su compañero con el que mantenía una relación estable y razonablemente satisfactoria por otra persona nueva a la que apenas ha tenido tiempo de conocer en profundidad.

No se trata solo de que, como hemos visto, lo desconocido nos despierta más interés, sino que, además, en muchas ocasiones, lo evaluamos de un modo más favorable. Resulta que los psicólogos han descubierto que, sorprendentemente, damos más valor a lo que pensamos que alguien podría hacer por nosotros en el futuro que a lo mucho que otro ha podido haber hecho ya en el pasado. Lo han denominado sesgo de *preferencia por el potencial*[6]. Y es que la capacidad de seducción de "lo potencial" va más allá de lo que sería razonable. Por eso en las relaciones sentimentales, igual que sucede en las empresas y en los equipos deportivos, acaban pagando más a la nueva gran promesa que a alguien que lleva tiempo demostrando unos buenos números año tras año.

Si lo piensas bien, tu pareja de siempre no puede competir justamente con "esa persona más novedosa". Incluso el efecto de las expectativas juega en su contra. Si te mira a los ojos y, una vez más, te dice que te quiere, probablemente será agradable escucharlo. A nadie le amarga un dulce. Pero, quizá el efecto no es especialmente profundo. Al fin y al cabo, era de esperar, ¿no? Es tu pareja y se supone que las parejas se quieren. «No es habitual amar lo que uno ya tiene», escribía Anatole France. Si alguien te da el infinito, pero el infinito es lo que ya estás esperando, es posible que el resultado no te parezca para tanto. Ya lo dicen los matemáticos: infinito dividido por infinito

---

[6] Tormala, Z. L., Jia, J. S., & Norton, M. I. (2012). The preference for potential. Journal of personality and social psychology, 103(4), 567.

es igual… a uno. Pero ¿qué ocurre cuando quien te mira de un modo especial y te dice algo bonito es alguien de quien no te esperas nada? Uno dividido entre cero es igual a infinito. Incluso si eres de letras, las matemáticas no mienten. Si lo que ocurre, por muy importante que sea, se ajusta a lo que esperas, el impacto es mínimo. La auténtica conmoción tiene lugar cuando lo que sucede, aunque sea poca cosa, sobrepasa tus expectativas. Es entonces cuando el cosquilleo te sube hasta la parte más profunda del cerebro.

Además, "esa persona novedosa" aún tiene intactas todas sus ganas de mostrar su yo más reluciente y probablemente todavía no ha tenido tiempo de empezar a revelar todos sus miedos, manías, limitaciones, angustias y patologías psicológicas que todos tenemos y que con gran esfuerzo mantiene escondidas bajo la alfombra de su mejor sonrisa. Quizá no conozcas todavía sus miserias y los defectos que con el tiempo te terminarán desquiciando igualmente, pero hay algo de lo que puedes estar seguro… ahí están, esperando pacientemente a que caves suficientemente hondo.

No es oro todo lo que reluce

Por otro lado, esa persona nueva que tanto te atrae y de la que solo conoces la superficie, en realidad no es sino una construcción fabricada en tu propia mente. Y claro, puestos a fabricar cosas, esa construcción suele ser mucho más bonita que la propia realidad. ¿Has oído hablar del *efecto halo*? El caso es que tenemos un modo curioso de juzgar y evaluar a los demás. Quieras o no, a los pocos instantes de conocer a una persona, tu inconsciente ya ha decidido si cree que es de fiar, si te agrada y si te gustaría o no pasar más tiempo con ella. Y como no tiene muchos datos en los que basar su decisión, a tu intuición solo le queda tirar de aquellas pistas que estén disponibles por escasas que sean. Así, aunque no tiene ninguna lógica aparente, resulta que cuando conoces a una persona físicamente atractiva, tiendes a asumir inconscientemente que también posee otras cualidades positivas como la honestidad, la simpatía o la inteligencia. La presencia de un rasgo llamativo en una persona tiñe la percepción sobre la persona entera y la recubre de un cierto halo. Por eso el atractivo físico, la parte más visible de cualquier individuo, afecta a tantas áreas de su vida. La gente atractiva (según cuentan) tiene más facilidad para encontrar trabajo, recibe sueldos mayores, recibe menos multas, obtiene más ayuda cuando la necesita, y, sobre todo, les sirven antes las copas en la barra de las discotecas. Pero el efecto halo puede venir provocado por cualquier otra cualidad llamativamente destacada como puede ser un extraordinario sentido del humor o una notoria capacidad artística (efectivamente, cuando intentaste aprender a tocar la guitarra para ligar no ibas tan desencaminado). Por eso, cada vez que te enamoras de alguien, en realidad estás confeccionando una imagen de esa persona a partir de las pocas pistas maravillosas y esperanzadoras que has obtenido hasta el momento. Ese rasgo que te encandiló del tipo elegante y apuesto que conociste en aquel bar de moda está provocando que, en el fondo de tu subconsciente, también creas que será un padrazo entregado y que cocina como nadie la salsa boloñesa. Como decía Proust, «es nuestra imaginación y no la otra persona la verdadera causa del amor».

Si coges el efecto halo y le añades un buen chorrito de imaginación el resultado es un embriagador cóctel que muchos llaman amor a primera vista. Y es que la única manera de evaluar lo desconocido es mediante la imaginación, y la imaginación tiene sus propias reglas. Cada vez que la gente deja volar sus pensamientos y comienza a imaginar su vida futura con esa persona nueva que acaba de conocer, tiende a recrearse en escenas repletas de cariño, pasión, sonrisas cómplices, y miradas desbordantes de comprensión.

Pocos se entretienen visualizando las discusiones que van a tener, la crueldad de sus ofensas cuando estén enfadados y la indiferencia mutua a sus problemas cuando estén distraídos o cansados. Esto último lo reservan para su actual pareja.

No, no parece que el amor del que nos habla Hollywood esté diseñado para ayudarnos a mantener una relación de pareja estable y para siempre. Si te paras a mirarlo de cerca, puedes entrever la fecha de caducidad que viene impresa. Algunos ya parecen haberlo asumido. «Cásate con alguien que sepa cocinar. El amor pasa, el hambre no», decía una pintada que leí hace años. Ciertamente nuestra biología no nos ayuda. Cuando entiendes cómo funcionan nuestro cuerpo y nuestra mente te das cuenta de que el milagro sería que una pareja continuase unida. Pero lo cierto es que para muchos ese milagro existe. Podemos comprobarlo de manera constante. Todos conocemos personas que llevan juntas más tiempo del que casi pueden recordar y que, ignorando todos los discursos científicos, manifiestan que su amor es más fuerte con cada día que pasa. También aparecen en las estadísticas, pero cada vez menos gente se fija en ellas. A pesar de esta tendencia universal para cambiar de pareja aproximadamente cada cuatro años, parece que algunos se resisten y demuestran que el amor puede, no solo durar infinitamente más, sino también crecer. La pregunta es obligada, ¿cómo lo consiguen? ¿Cuál es su secreto?

4.
LO QUE JOHNNY DEPP NO SABÍA
(o... la olvidada esencia del amor)

ALLÍ ESTABA, SENTADO en la barra del bar, con la mirada perdida en su vaso de *whisky*. No tenía costumbre de beber, pero había decidido probar la receta universal de empapar sus penas en alcohol con la esperanza de poder disolverlas poco a poco con cada pequeño sorbo. Otra relación rota. Pero ¿por qué? Todo había empezado tan bien... Por un momento había llegado a creer que esta sí era la definitiva. Había puesto tantas esperanzas en ella... ¿Qué había salido mal? Mientras divagaba lastimeramente por sus pensamientos sintió el calor de una mano amiga en el hombro. Sorprendido, se giró ligeramente. Allí a su izquierda, en el taburete que hasta hace unos segundos estaba vacío, se acababan de sentar todos los guionistas de Hollywood y, desde allí, le miraban con simpatía, casi con cariño. «No hay de qué preocuparse Ramón», le dijeron con ternura. «El amor es una búsqueda constante. A veces, entre la arena, encuentras una pepita que brilla y te hace pensar que por fin has dado con el oro, pero si al morderla se parte en dos... falsa alarma. Tu amor verdadero está ahí fuera, esperándote y cuando lo encuentres, todo será distinto. La pepita será de oro auténtico, y esas no se parten al morderlas. Tu verdadera historia de amor aún está por escribir. Ten fe».

Estaba lo suficientemente aturdido por el *whisky* como para decidir si aquello tenía de verdad sentido, pero lo cierto es que, simplemente con escuchar esas palabras, Ramón ya empezaba a encontrarse ligeramente mejor. Había esperanza. Y, además, no era su culpa. Simplemente no había encontrado aún a su alma gemela. Tal vez tenía que... Un irritante chirrido interrumpió sus meditaciones. Era el ruido que hacía el taburete de su derecha al arrastrarse contra el suelo. Allí estaban acomodándose los científicos. Sus batas brillaban más blancas que nunca. Su mirada era más distante, pero también transmitía preocupación y empatía. «No te tortures Ramón», le dijeron después de aclararse la garganta con un leve carraspeo, «ya te hemos explicado muchas veces que lo que persigues no tiene sentido. No permitas que unas cuantas historias bien escritas y un poco de poesía sentimentaloide te creen unas expectativas que nunca se podrán cumplir. El amor es así, efímero y pasajero. Saboréalo mientras crece, pero cuando se marchite acéptalo con elegancia. No intentes aferrarte. Simplemente déjate sorprender por él la próxima vez que vuelva a brotar». Buff... aquello también tenía sentido. Si el amor no era más que el agradable producto de un cóctel de sustancias químicas, lo razonable era disfrutarlo mientras duraran sus efectos, pero poco más.

Era duro de escuchar, pero, a su manera, también era liberador. Según estos señores tan sabios, tampoco era culpa suya. Simplemente era el previsible e inevitable fin de un ciclo.

Las dos opciones eran respuestas opuestas a una misma pregunta, pero lo cierto es que ambas parecían razonables. La cabeza le daba vueltas. Ramón miró de nuevo el interior de su vaso, pero esta vez con curiosidad, como preguntándose si realmente lo que había dentro era solo *whisky*. "Disculpa" le interpeló el camarero. Ramón levantó la mirada. Hasta ahora no se había fijado de verdad en él. Su aspecto resultaba familiar y desenfadado pero su mirada parecía albergar la experiencia acumulada de muchas vidas. «No he podido evitar escuchar vuestra conversación. Es un tema realmente interesante. De mis favoritos, en realidad. Perdona que me entrometa, pero ¿nunca has considerado que tal vez haya otra alternativa?». Hizo una breve pausa para terminar de pasar el paño por la barra y mirándole desde sus misteriosos ojos grises añadió: «¿Y si resulta que el problema es que hemos olvidado por completo la verdadera naturaleza del amor? ¿Y si el amor verdadero es algo totalmente diferente de lo que crees?». Ramón le miró atento, entrecerrando los ojos. Evaluándole. Aquellas palabras le habían desconcertado. Vació de un trago su vaso y, mientras hacía un gesto con el dedo pidiendo que se lo volviera a llenar, murmuró intrigado para sus adentros "¿otra alternativa?".

Cuando el amor se rompe o se desgasta solemos culpar a nuestras parejas o incluso al amor mismo, pero raras veces culpamos al concepto que tenemos

49

del amor. Simplemente no se nos ocurre. Nos han dicho que el amor es un sentimiento, una emoción o incluso una reacción química. Y, desde luego, si nos fijamos en nuestra propia experiencia y en las cosas que hemos ido aprendiendo, parece difícil de discutir. Sin embargo, son muchos los pensadores que, después de reflexionar profundamente sobre el tema, han llegado a la conclusión de que esas respuestas son insuficientes. Engañosamente sencillas. Para ellos el amor es algo diferente. Algo más.

EL TEST DEL AMOR VERDADERO

Pero si el amor es más que un sentimiento, ¿qué es? ¿En qué consiste? ¿Cuál es su verdadera esencia? ¿Qué es lo que lo define? Para poder empezar a responder estas preguntas me gustaría proponerte un sencillo test. Sencillo pero revelador, espero. En un alarde de humildad podríamos llamarlo el "supertest superinfalible del amor". Tu tarea puede parecer fácil pero no te confíes. ¿Preparado? Se trata de completar la siguiente frase con una de las dos opciones que te presento a continuación: "Le/la quería tanto que..." Opción A: "Hicieron el amor apasionadamente todos los días de su vida"; Opción B: "Dio su vida por él/ella". ¿Cuál de las dos opciones dirías que manifiesta un grado mayor de amor? Piénsalo. Ciertamente, la opción A no está nada mal. La pasión amorosa es un indiscutible signo de amor. Para muchos el más definitorio. Pero me atrevería a apostar que, como casi todo el mundo que se enfrenta al test, probablemente has elegido la B, ¿es así? Hay algo en esa opción que la hace realmente difícil de superar. Incluso si la opción A de mi test no te gusta, prueba a sustituirla por cualquier otra opción que se te ocurra. Probablemente descubras que es verdaderamente complicado pensar en una opción "A" que supere la "B". ¿Por qué? Porque la opción B ilustra la esencia radical del amor. Su verdadera naturaleza. Y es que, como decían los clásicos, amar a alguien es procurar su bien. Así de simple. Así de complejo.

La opción B es una manifestación incontestable del amor porque encierra el concepto de entrega y sacrificio. Como puedes imaginar, el sacrificio no es un requisito para el amor (la opción A podría perfectamente considerarse una muestra de amor y no parece especialmente sacrificada) pero sin duda es una de las maneras más fiables y sencillas de identificarlo. Cuando tu bien y el de la otra persona coinciden, amar se vuelve más fácil. Incluso podrías utilizar el amor para enmascarar tus propios intereses. Podría parecer que buscas su bien cuando en realidad simplemente persigues el tuyo. Es cuando no coinciden cuando tienes que elegir qué bien pones primero. Ya no hay posibilidad de engaño (ni de autoengaño). El sacrificio es una muestra indudable de amor porque deja claro que estás poniendo el bien del otro por encima del tuyo. Desde luego, si el amor fuese un diamante, no habría mejor herramienta para comprobar su pureza.

Preparar ese viaje romántico con tu pareja a aquella playa paradisiaca que visteis en una revista y que tantas ganas tenías de conocer puede, por supuesto, ser un magnífico acto de amor. Ahora bien, renunciar al plan que habías previsto con tus amigas desde hace meses para ir por cuarta vez al cine a ver esa película iraní en versión original sin subtítulos que tan feliz hace a tu pareja y a la que, por supuesto, nadie más estaría dispuesto a acompañarle… eso sí que es amor. Y del bueno. De ahí a la opción B hay probablemente menos de un milímetro.

Por supuesto, aparte del amor de pareja, existen otros tipos de amor, pero buscar el bien y la felicidad del otro y hacerlos tuyos parece el elemento que debería ser común a todos ellos si es que quieren merecer tal nombre. Resulta difícil llamar "amigo", por ejemplo, a alguien que no se entristece con tus desgracias, que no te acompaña en tus luchas y que no se alegra de tus victorias. Si no cumple estos requisitos, no es un amigo. Es simplemente alguien que conoces y con quien quizás te diviertes, pero poco más. Por eso, el egoísmo, poner siempre en primer lugar tus propios intereses y necesidades, es lo contrario del amor. Su antítesis. O peor aún, su criptonita.

<small>SENTIR O NO SENTIR, ESA NO ES LA CUESTIÓN</small>

Esta manera de entender el amor hace difícil seguir creyendo que se trate de un sentimiento. Simplemente no encaja con la descripción. Si el amor es querer, elegir o buscar el bien y la felicidad del otro, no parece que estemos hablando precisamente de sentimientos. Los términos "querer", "elegir" o "buscar" hacen más bien referencia a una decisión, a un acto de la voluntad. Y, como sabes, puedes decidir buscar el bien del otro o no independientemente de los sentimientos que experimentes en ese instante. Son realidades distintas. De hecho, hay ocasiones donde amor y sentimiento pueden ir en direcciones opuestas. Aunque, en un momento dado, estés embargado por el resentimiento, la ira, o la decepción, siempre puedes decidir amar. Puedes decidir amar incluso a la persona que es responsable de haber provocado en ti esos sentimientos.

Igualmente, si amar es procurar o perseguir el bien del otro, más que con una decisión, deberíamos identificar el amor con una acción o una conducta. Como todos hemos experimentado, el amor tiene más que ver con la acción que con las palabras, los deseos o las intenciones. La madre que más y mejor quiere a su hijo no es la que simplemente se limita a expresarlo sino la que además lo cuida, lo atiende y lo protege. Las palabras de amor sin nada que las respalde no son más que otro caso de publicidad engañosa, como el crecepelo, el "abrefácil" o la "*Power Balance*". El amor debe mostrarse. Y se muestra en la acción. Por eso nadie se conforma con la mera expresión verbal del amor. Si alguien a quien quieres tiene frío, amar está más relacionado con prestarle tu abrigo que con un romántico discurso sobre lo hermosos que son sus labios morados o con apasionadas promesas sobre las magníficas hogueras que encenderás en un futuro. El amor, por muy discreto que sea, siempre deja rastro, es visible, palpable, hace ruido. Aunque lo pretenda, sus latidos nunca son silenciosos.

Amar a una persona tiene que ver con dejar para ella vuestro único paraguas cuando sabes que va a llover o el último helado de la nevera cuando es verano. Cumplir tus promesas, especialmente cuando son difíciles. Dar las gracias incluso por las cosas más pequeñas. Ser puntual o saber esperar con paciencia. Respetar las diferencias. Acordarte de bajar la tapa del baño o ignorar que se ha quedado subida. Celebrar sus buenas noticias con más entusiasmo que las tuyas propias. Decirle una cosa buena que te guste de ella. Renunciar al mando de la TV o del aire acondicionado. Perdonar, aunque todavía escueza. Sonreír, aunque no se tengan ganas. Compartir una preocupación sin trasladársela a ella. Preguntar sin interrogar. Escuchar sin juzgar, intentando comprender. Cuidar a su familia como si fuese tuya. Creer en ella cada vez que lo vuelva a intentar. Cocinar esa receta nueva que crees que le gustará. Saber pedir perdón. Nunca hablar mal de ella con tus amigos. Esforzarte por divertirte con los suyos. Tener la valentía de decir con cariño verdades difíciles pero que son necesarias. E intentar hacerlo en el momento oportuno. Sacar la basura y recoger la cocina antes de dormir. En definitiva, amar es hacer que para ti sea importante lo que para la otra persona es importante. Si alguien te dijo alguna vez que amar es fácil, espero que sepas perdonarle.

Amar es actuar. Así lo explicaba Stephen Covey respondiendo a una pregunta durante uno de sus seminarios:

> –Stephen, estoy realmente preocupado. A mi esposa y a mí ya no nos unen los antiguos sentimientos. Supongo que ya no la amo, y que ella ya no me ama a mí. ¿Qué puedo hacer?».

—¿Ya no sienten nada uno por el otro? —pregunté.

—Así es. Y tenemos tres hijos, que realmente nos preocupan. ¿Usted qué sugiere?

—Ámela —le contesté.

—Pero le digo que ese sentimiento ya no existe entre nosotros.

—Ámela.

—No me entiende. El amor ha desaparecido.

—Entonces ámela. Si el sentimiento ha desaparecido, esa es una buena razón para amarla.

—Pero ¿cómo amar cuando uno no ama?

—Amar, querido amigo, es un verbo. El amor —el sentimiento— es el fruto de amar, el verbo. De modo que ámela. Sírvala. Sacrifíquese por ella. Escúchela. Comparta sus sentimientos. Apréciela. Apóyela. ¿Está dispuesto a hacerlo?[1].

Y es que el amor no es algo que te sucede sino algo que decides, persigues y realizas. Por eso, no conviene confundir amor con enamoramiento. A diferencia del carácter activo del amor, el enamoramiento es pasivo. Es decir, pasional. Es algo que no se elige, que te sobreviene, que se experimenta, se sufre y se padece. Como la gripe, la pubertad o la sed. No tienes mucho que decir al respecto. Cuando la gente dice "me he enamorado" no se da cuenta de que se está atribuyendo un protagonismo que no le corresponde. Puestos a ser justos, "me han enamorado" sería una expresión más correcta. Pero amar es otra cosa. Es algo que no

---

[1] *Los siete hábitos de la gente altamente efectiva.* Stephen Covey. Esta misma idea del amor, la expresó también Isabel Coixet en un genial corto de 6 minutos titulado "Bastille". Te recomiendo verlo en YouTube.

ocurre sin tu consentimiento, sin tu decisión, sin tu aprobación. Amas porque quieres amar.

Johnny Depp, en un momento de reflexión trascendental, tuvo una revelación que quiso compartir con el resto del mundo. Después de carraspear un poco para aclarar la garganta afirmó con gravedad: «Si estás enamorado de dos personas al mismo tiempo, elige a la segunda. Porque si realmente amaras a la primera, no te habrías enamorado de la segunda». A juzgar por su historial amoroso, desde luego parece que sigue sus propios consejos. La pregunta es: ¿deberías tu hacer lo mismo?

ENAMORARSE NO ES AMAR

Santiago y Paloma (digamos que esos eran sus nombres) llevaban casados 11 años. La felicidad y la seguridad que irradiaban el día de su boda se habían ido difuminando y solo quedaba una fina capa de desilusión y de rutinas compartidas. Quizá por eso, sin decir nada, Paloma comenzó a buscar fuera de su matrimonio lo que había perdido dentro. Se creó un perfil falso (no era cuestión de que alguien pudiese reconocerla) en una de las redes sociales de moda y entabló "amistad" con un tal Rodrigo. Ella decidió llamarse Lola. Muy folclórico. "¿Qué estoy haciendo?" se preguntaba cada vez que abría nerviosa su móvil para comprobar si tenía un nuevo mensaje. Y, mientras negaba con la cabeza, se respondía rápidamente que aquello era solamente una chiquillada inocente que no iba a ningún sitio. Nada serio, por supuesto. Pero poco a poco fue apreciando el sentido del humor de Rodrigo, fueron aflorando sus gustos en común y gradualmente volvió a experimentar esa sensación intoxicante y, prácticamente olvidada, de ir descubriendo a otra persona y, sobre todo, de ir dejándose descubrir. Cada noche, ignorando a su marido, Paloma se iba a dormir pensando en Rodrigo, fantaseando con la idea de tenerle a su lado. Los mensajes y las conversaciones furtivas se dispararon y mientras tanto, Santiago, ajeno a todo lo que ocurría en su matrimonio, parecía totalmente enfrascado en su propio mundo, más distraído que nunca. Paloma, con la determinación que da volver a sentirse deseada decidió que era el momento de dar un paso más. Rodrigo respondió con entusiasmo a la idea de encontrarse por fin en aquella cafetería que, al parecer, los dos conocían. Aunque no sabía que aspecto tendría Rodrigo (no usaba fotografía en su perfil "para no ser juzgado por su portada" según decía), a Paloma no le preocupaba en absoluto. A estas alturas sabía que el interior es mucho más valioso que el envoltorio. Ella le confesó que su foto tampoco era real. A Rodrigo tampoco pareció importarle. El amor verdadero es mucho más profundo que la apariencia. Decidieron que se reconocerían porque cada uno llevaría en la mano un ejemplar de *50 sombras de Grey*, ese libro del que tanto se habían mofado en sus clandestinas conversaciones. Paloma salió de su piso como quien escapa de una prisión. Santiago no estaba en casa, por lo que no fue necesario mentirle una vez más. Respiró hondo antes de entrar en la cafetería. Su corazón, como su matrimonio, estaba a punto de estallar. Nada más entrar vio el libro sobre la mesa.

57

Allí estaba. Sus miradas se cruzaron… y el mundo se congeló. Su ejemplar se le cayó de entre las manos e impactó contra el suelo con la misma fuerza que la realidad lo hizo contra sus fantasías. Santiago (o Rodrigo, como se hacía llamar en su perfil falso) seguía sentado, en *shock*, intentando entender también lo que estaba sucediendo. A Paloma le recorrió un escalofrío. No podía creerlo. Había estado engañando a su marido con su propio marido… y viceversa. No era fácil de asimilar. Miles de preguntas empezaron a estallar en su cabeza. ¿De quién se había enamorado en realidad si Rodrigo no existía? ¿Puedes volver a enamorarte sin saberlo de una persona a la que has dejado de amar? Lola y Rodrigo se habían enamorado mientras que Santiago y Paloma habían decidido dejar de quererse. Paloma entendió al instante que el enamoramiento y el amor eran realidades bien distintas. Tuvo ganas de darse la vuelta y correr, pero sabía que allá donde fuese le seguiría esperando una misma pregunta ¿y ahora qué?

Si amor y enamoramiento no son lo mismo, ¿por qué están tan confundidos en nuestra cultura? Probablemente debemos agradecérselo al Romanticismo, ese movimiento cultural que surgió en la segunda mitad del siglo XVIII y ha colonizado nuestra manera de entender el amor a través de novelas, poemas, películas y canciones. Desde que el romanticismo comenzó a extender sus ideas hasta el día de hoy, la gran mayoría de historias que nos venden como historias de amor no lo son. Son bellas y magníficas historias de enamoramiento, pero no de amor. Mira esta, por ejemplo. Seguro que te suena familiar: dos personas se conocen.

Por supuesto, las dos son maravillosas y encantadoras, pero por algún caprichoso y rebuscado malentendido, no empiezan con buen pie. Saltan las primeras chispas y, sin embargo, es evidente que entre ellos hay más química que dentro de un reactor nuclear. Ni que decir tiene que el destino no está dispuesto a rendirse y les obliga a unirse y luchar juntos por alguna noble causa. El tira y afloja continúa. La atracción entre ellos se hace cada vez más patente. Lógicamente, acaban derrotando al malo y salvando al mundo. Durante el proceso cada uno puede mostrar y descubrir todas las virtudes que les hacen absolutamente heroicos y mutuamente irresistibles. Finalmente, con los deberes hechos y el universo a salvo, ya no tiene sentido seguir disimulando. Los protagonistas se entregan a esa fuerza arrebatadora que los empuja el uno hacia el otro. Y se rinden al "amor". Beso apasionado. Fundido a negro. Fin. Y, una vez más, la película acaba justo cuando la verdadera historia de amor debería estar a punto de empezar.

Esta confusión entre amor y enamoramiento podría parecer algo inocente, pero tiene algunas consecuencias desastrosas. Empecemos por una importante. Y es que, si el amor es un sentimiento, entonces el amor eterno no existe, porque los sentimientos, sencillamente, no lo son. Los sentimientos vienen y van. No se pueden disecar. Son cambiantes, volátiles y efímeros. Punto final.

No obstante, amor y eternidad son dos conceptos que, en cuanto pueden, se dan la mano. Como apuntaba André Frossard, un amor que no tuviera la aspiración de ser eterno no habría comenzado nunca.

Y es cierto que el amor, cuando nace, lleva la boca llena de promesas de eternidad. La cuestión es ¿puede cumplirlas? La verdad es que, si el amor es un sentimiento, no queda más remedio que reconocer que la respuesta es no. Como diría el mítico comandante Stinger de *Top Gun*: «Su ego extiende cheques que su bolsillo no puede pagar».

Sin embargo, todos llevamos dentro la sed por un amor que no se acabe. Todos buscamos ese amor sin fin. Todos queremos que nos amen para siempre y de un modo incondicional. Pase lo que pase. Por eso la gente se casa. Porque desea realizar esa descomunal promesa y, por supuesto, también recibirla.

Si lo piensas despacio, casarse es una de las mayores locuras que puede hacer un ser humano. Una locura insuperablemente hermosa, pero una locura, al fin y al cabo. Poner tu vida y tu felicidad en manos de otra persona ya es algo arriesgado, pero entregarte a otro de tal modo que tu misión principal en la vida sea cuidarle y serle fiel hasta el final de tus días... Comprometerte a amar a una persona, pase lo que pase y sean cuales sean las circunstancias... En serio, piénsalo otra vez.

Dejando aparte la hipoteca, el matrimonio es tal vez el compromiso más grande que puede forjarse entre dos personas. Por eso, si el amor es únicamente un sentimiento, el matrimonio no tiene ningún sentido. El mero sentimiento, como la arena, no es un material suficientemente sólido como para construir esa fortaleza. Nadie puede prometer un sentimiento, igual que nadie puede prometer que el sol brillará todos los días. Simplemente no depende de ti. Tu voluntad, en cambio, sí depende de ti. Por eso la gente que se casa lo "único" que puede prometer es su entrega, su voluntad de decidir amar (hablamos del verbo, claro) todos los días. La decisión renovada a cada instante de "querer querer". No es poca cosa, desde luego. De hecho, no hay nada más grande. Prometer eso es prometer todo cuanto tienes. Sobre eso sí se puede empezar a construir. Cuando añades cemento a la arena, la mezcla resulta infinitamente más resistente.

LA CARA B DEL ENAMORAMIENTO

Pero hay otro peligro importante que se deriva de esta confusión entre amor y enamoramiento. Erich Fromm[2] decía que el problema de occidente radica en creer que el reto del amor consiste en ser amado y no en amar. Para quien concibe el amor como una fuerza que se despliega de manera automática ante el ser "amable", amar no supone ningún desafío. No hay de qué preocuparse. Viene dado, como el dolor ante un pinchazo o una resaca después de una noche de juerga. Según esta manera de conceptualizar el amor, amar es fácil siempre y cuando encuentres a la persona adecuada. A esa persona que de verdad merezca tu amor. Porque cuando esa persona aparece, solo hay que dejarse llevar. En cambio, donde hay que centrarse es en ser capaces de despertar ese amor. Ese es, entonces, el verdadero desafío y la inevitable obsesión: encontrar el modo de lograr que el otro te

---

[2] Fromm, E. (1956). *El arte de amar*. Paidós.

ame. Pero ¿cuál es la clave para volverte irresistible? Las recetas más comunes son belleza, éxito, riqueza, estatus, popularidad... Por eso, de un tiempo a esta parte, la gente se esclaviza en los gimnasios, se gasta fortunas en ropa, invierte en bitcoins, vacía las secciones de cremas y cosméticos, se hace instagramer, se opera de manera compulsiva, compra coches que no puede permitirse y se lee todos los artículos del tipo: "Los 5 trucos infalibles que te harán triunfar en la cama".

Según esta lógica, amar a alguien que posea las cualidades requeridas no debería ser un problema. No requiere ninguna habilidad especial ni ningún aprendizaje (Por eso tampoco te tropiezas nunca con artículos titulados: "Las 5 maneras para aprender a amar mejor"). ¿Qué sentido tendría? Simplemente sucede. El sentimiento surge. Y cuanto más intenso es ese sentimiento no queda más remedio que concluir que más intenso es el amor. Por eso, según el romanticismo, poner esfuerzo en querer a alguien es, probablemente, un mal síntoma. Sospechoso cuanto menos. Si te cuesta "querer" es que quizá el otro no es lo suficientemente "amable" y deberías abandonarle por otro a quien te cueste menos. Y viceversa. Si el otro tiene que esforzarse por quererte, ¿qué dice eso de ti? Eso sí que son malas noticias. Viceversa es peor. Todavía recuerdo a aquel marido cumplidor que se ponía varias alarmas a lo largo del día para acordarse de escribir algún mensaje bonito a su mujer. Lo que seguro que no se me olvidará nunca fue la cara de su mujer cuando lo descubrió. Dudo que la mezcla de sorpresa y decepción hubiera sido mayor si le hubiese visto salir de un club de alterne. Gracias a los engaños del romanticismo y a nuestra dosis reglamentaria de soberbia y vanidad, a veces incluso nos molesta que se esfuercen en querernos. Así de paradójico. Así de humano. Es mucho más agradable pensar que eres un ser angelical, irresistible. Completamente adorable y absolutamente arrebatador. Pero asúmelo, probablemente no lo eres. Nadie lo es cuando lo miras de cerca.

Alimentar las mariposas

Por todo ello, los griegos, gente observadora y pueblo de marineros, sabían que, en el amor, igual que en el mar, hay al menos dos tipos diferentes de navegación. Primera y segunda. La primera navegación es cómoda. Sucede cuando el viento sopla a favor y lo único que hay que hacer es desplegar las velas, y dejarse llevar. Con la brisa acariciando tu rostro y, de fondo, la banda sonora de *Titanic*. Así son los primeros momentos del amor. Para el corazón enamorado cualquier sacrificio es poco y cualquier entrega es fácil. Como decía Platón, no hay ser humano, por cobarde que sea, que no pueda convertirse en héroe por amor. Pero también en el amor, como en el mar, a veces, el viento, igual que viene, se desvanece. Puedes invocarlo o maldecirlo pero, como el sentimiento, tampoco es famoso por obedecer órdenes. No está bajo tu control. Es entonces cuando hay que recurrir a la segunda navegación, que consiste en agarrar los remos, apretar los dientes, y mover el barco con el esfuerzo de tus propios brazos.

Atención, pregunta: ¿quiénes dirías que son más felices, las parejas que se casan por "amor" o los integrantes de los matrimonios concertados? Cierra los ojos, medita tu respuesta y lánzate sin miedo. La respuesta correcta es… depende. ¿De qué? Pues del momento en el que les hagas la pregunta. Los estudios muestran que, de entrada, los matrimonios basados en "amor" son significativamente más felices. Tiene lógica. De hecho, empiezan siendo muy felices. Pero al cabo de 7 años su satisfacción, si es que siguen juntos, se reduce prácticamente a la mitad. Los matrimonios concertados, en cambio, comienzan siendo menos felices, pero al cabo de diez años ya son, de media, más felices que los que se casaron por "amor". Y lo que es quizá más importante, permanecen así[3]. ¿La explicación? Mientras que las personas que se casan por amor conciben el amor como un estado en el que se está o una realidad que te sucede, las personas que acceden a un matrimonio concertado conciben el amor como algo que se construye. Y eso lo cambia todo.

En occidente nos casamos con la intención de capturar, preservar y embalsamar esos maravillosos sentimientos que brotan ante la persona de la que estamos enamorados. Pero, lamentablemente, siempre terminan escapándose por las ranuras, como el aire de una rueda ligeramente pinchada. Intentamos atrapar las mariposas en una urna de cristal esperando que revoloteen indefinidamente pero poco a poco se nos van muriendo de inanición. Y lo que en un

---

[3] Gupta, U., & Singh, P. (1982). An exploratory study of love and liking and type of marriages. Indian Journal of Applied Psychology.

principio parecía un festival de colores en movimiento, al cabo de un tiempo se convierte en una caja con unas cuantas polillas muertas. Y tu cara se queda como cuando te enteras de que han dejado de fabricar tu champú favorito. Estábamos tan pendientes de nosotros mismos que ni se nos ocurrió que había que alimentar a las mariposas.

Era una tarde hermosa y Buda parecía, una vez más, distraído en sus pensamientos. Quieto, inmóvil, como si fuera parte de aquel bosque en el que le gustaba tanto meditar. Aquel joven monje no quería molestarle, pero había viajado desde muy lejos para obtener respuestas. Se acercó lentamente y con extremo cuidado le tocó suavemente el hombro, como si temiera que la figura del sabio se desvaneciese como el reflejo de una imagen en un lago. Buda abrió los ojos despacio, le miró como si llevara mucho tiempo esperándole y, sin palabras, le invitó a sentarse a su lado. El joven respiró hondo y, como un río que desemboca en el mar, dejó escapar su pregunta: «Maestro, ¿cuál es la diferencia entre "me gustas" y "te amo"?». Buda le miró y, con un brillo de ternura en los ojos, le respondió: «Cuando te gusta una flor, la arrancas. Cuando amas una flor, la riegas todos los días. Aquel que entienda esto, entiende la Vida». El joven asintió, dirigió su mirada al horizonte y, en silencio, permaneció sentado junto a él.

5.
LA IMPORTANCIA DE *ELEGIR*
(o por qué seguramente te fijarás
en la persona equivocada)

HACE MILENIOS, CUANDO aún era joven, un grupo de amigos (todavía solteros) queríamos aprovechar la breve experiencia matrimonial de uno de esos valientes que se había aventurado de los primeros a "dar el gran paso". «¿Cómo es la vida de casado?» le preguntamos con una mezcla enternecedora de curiosidad y candidez. Todavía recuerdo su enigmática expresión mientras respondía: «Pues supongo que depende de con quién te cases». Difícil discutir con eso, claro. La lógica es aplastante. De hecho, la evidencia científica ratifica la sabiduría intuitiva de mi amigo. Según los datos, el matrimonio es un arma de doble filo. Por un lado, las personas que son felices en su matrimonio son más felices que los solteros o los divorciados. Pero, por otro lado, las personas que son infelices en su matrimonio... son los más infelices de todos[1]. Y no solo eso, también sabemos que el fracaso

---

[1] Mastekaasa, A. (1994). Marital status, distress, and well-being: An international comparison. Journal of Comparative Family Studies, 25(2), 183-205.

matrimonial y el divorcio es de las pocas cosas que afecta a tus niveles de felicidad de manera permanente[2]. Ya se ve que quien dijo aquello de "mejor solo que mal acompañado", sabía lo que se decía. La moraleja es simple: ojito con quién te casas.

Y es que, efectivamente, el amor es algo que se construye, pero eso no significa que dé igual a quien elijas para construirlo. Como puedes imaginar, no es lo mismo construir algo junto con alguien fuerte, capaz de acarrear materiales pesados, que sabe manejar herramientas, acostumbrado al esfuerzo y con conocimientos sobre construcción que hacerlo con alguien manco, que no ha levantado un peso en su vida, alérgico al polvo, que no sabe lo que es un martillo, y que prefiere comprar las cosas ya hechas antes que construirlas él mismo. No da igual. Por eso todos los padres del mundo se preocupan de si sus hijos serán capaces de elegir bien y dicen frases del tipo "ese chico no me gusta nada" mientras reniegan con la cabeza y agitan el dedo índice.

Y hacen bien en preocuparse, porque elegir bien es extremadamente difícil. Para empezar, hay que tener en cuenta el "factor práctica". Los seres humanos nos volvemos buenos en cualquier actividad a base de repetir y practicar. Por eso, es complicado tomar buenas decisiones en un ámbito determinado sin antes haber practicado unas cuantas veces en dicho campo. Si tienes que comprar unos calcetines,

---

[2] Lucas, R. E. (2007). Adaptation and the set-point model of subjective well-being: Does happiness change after major life events? Current directions in psychological science, 16(2), 75-79.

solamente después de haber elegido suficientes veces estarás capacitado para saber qué tejido es el que posee el equilibrio perfecto entre resistencia y comodidad, qué tamaño y forma es la que mejor se adapta a tu pie, que color es el que mejor combina con tus zapatos y hace juego con el azul de tus ojos, etc. Lo mismo pasa al elegir un champú, una pizza o un friegaplatos. La clave está en probar, probar y probar. El problema es que elegir una pareja con la que compartir tu vida es algo más complicado de practicar. Es lo que tiene tener solamente una vida.

«Pero bueno –dicen algunos–, para eso está el noviazgo, ¿no? Para probar...». Y no les falta razón. El problema es que las dinámicas que surgen cuando uno se está conociendo o en el noviazgo son diferentes a las que se producen con el matrimonio y el compromiso. Es cierto que en el noviazgo comienzas a compartir tu vida con otra persona, pero tu vida, especialmente en las decisiones importantes, continúa siendo tuya. Eres tú quien sigue al volante. En el matrimonio, sin embargo, se produce un cambio estructural. El número y la importancia de las decisiones conjuntas que hay que tomar se dispara. Ya no sólo hay que decidir qué película quieres ver el viernes por la noche o a qué restaurante ir a cenar, sino que ahora hay que ponerse de acuerdo sobre dónde vivir, cómo distribuir el dinero, cuánto riesgo asumir en la vida, cómo de ordenado debe estar el cuarto de baño, cuántos hijos deberíais tener, o si deberíais tenerlos, a qué colegio deberían ir, qué principios deberían regir su educación, etc. Cosa seria. Y claro, como te puedes imaginar, que dos personas estén de acuerdo en cada uno de estos puntos es algo tan extraordinario como un inspector de hacienda con corazón. Cuando dos vidas se fusionan en una, pocos son los departamentos donde sigues teniendo independencia absoluta. Con suerte quizá puedes seguir decidiendo unilateralmente sobre temas tan trascendentes como dónde cortarte el pelo, cómo tomar el café o dónde comprar tu ropa interior, pero poco más. En cuanto te casas, tu destino deja de ser solo tuyo. Dos vidas, pero un único volante. El paso del yo al nosotros es de las cosas más complejas que existe, y eso no hay manera de ensayarlo. Aunque puedes hacer simulacros y buscar indicios, solo puedes ver el resultado real de ese ajuste una vez que se produce el compromiso, pero no antes.

Lo cierto es que cuando tenemos que hacer nuestra elección normalmente no tenemos ni la experiencia ni la sabiduría suficiente para poder elegir bien. Solo conocemos lo que estamos experimentando más las mentiras y las fantasías que vemos en las películas. Pero la vida no es una película, es mucho más dura, plana y prosaica. Nos falta contexto. Nos falta experiencia. No sabemos nada del amor. Simplemente no nos ha dado tiempo. Solo hemos vivido los primeros 5 minutos. Es como si alguien que ha caminado descalzo toda su vida tuviera que elegir un par de zapatos para siempre simplemente habiéndose probado unos cuantos durante sólo unos segundos. Sin saber nada sobre materiales, o sobre qué tipo de terrenos tendrás que caminar en un futuro y con la cabeza llena de historias irreales sobre zapatos de cuento. Todo esto explica por qué mucha gente, una vez recorrido un buen trecho del camino de la vida y del amor suele mirarse sus maltrechos pies, suspirar profundo y decir algo así como: «Ay… si pudiese volver a empezar sabiendo lo que sé ahora…».

ATRACCIÓN, FELICIDAD Y CAMISETAS SUDADAS

Pero la falta de experiencia no es el único obstáculo a la hora de decidir. Ni el más pequeño necesariamente. Por si eso no fuera suficiente, resulta que estamos programados para elegir siguiendo criterios y factores que son poco relevantes o, peor aún, equivocados. Desgraciadamente, muchos de los rasgos que más nos atraen de otra persona no son precisamente los rasgos que nos hacen felices en una pareja. Date unos segundos para pensar esto con calma, porque las implicaciones pueden ser realmente serias. Por eso es tan habitual enamorarse de una persona que sabes que no te conviene. Un caso paradigmático de esto sería, por ejemplo, el hecho sorprendente de que muchas mujeres tienden a evaluar como más atractivos a individuos que (probablemente porque suelen proyectar cierta imagen de confianza, ambición y carisma) puntúan alto en rasgos tan poco recomendables como el narcisismo, el maquiavelismo y la psicopatía. Rasgos que suelen ir juntos y que son tradicionalmente conocidos como "la triada oscura"[3]. Supongo que el nombre lo dice todo.

---

[3] Carter, G. L., Campbell, A. C., & Muncer, S. (2014). The dark triad personality: Attractiveness to women. Personality and Individual Differences, 56, 57-61.

Atracción y felicidad son dos conceptos que, como los de sabor y comida sana, sería maravilloso que apareciesen siempre juntos, pero lamentablemente (ahí está el brócoli para demostrarlo), no siempre guardan una relación directa.

Curiosamente, aun cuando en las encuestas nos gusta decir que las cualidades que más valoramos en una pareja son la honestidad, el sentido del humor, la inteligencia, la amabilidad, la alegría, etc. (y todas ellas son verdad), lo cierto es que hoy en día existen toneladas de evidencia científica que muestra que los dos criterios que más peso siguen teniendo a la hora de buscar pareja son el atractivo físico y el estatus socioeconómico[4]. Vaya por Dios, y nosotros pensando que éramos unos intelectuales sedientos de belleza interior.

Pero ¿por qué? ¿por qué le damos tanta importancia a un físico despampanante y a una cuenta corriente cargadita de ceros? Pues porque el principal objetivo biológico del emparejamiento ha sido siempre la perpetuación de la especie en general y de tus genes en

---

[4] Li, Norman P., J. Michael Bailey, Douglas T. Kenrick, and Joan A. W. Linsenmeier. "The Necessities and Luxuries of Mate Preferences: Testing the Tradeoffs." Journal of Personality and Social Psychology 82, no. 6 (2002): 947. Si a alguien le interesa el por qué de la diferencia entre hombres y mujeres puede echarle también un ojo a Buss, David M. "The Great Struggles of Life: Darwin and the Emergence of Evolutionary Psychology." American Psychologist 64, no. 2 (2009): 140; Buss, D. M. (1989). Sex differences in human mate preferences: Evolutionary hypotheses tested in 37 cultures. Behavioral and Brain Sciences, 12, 1–14; Lippa, R. A. (2007). The preferred traits of mates in a cross-national study of heterosexual and homosexual men and women: An examination of biological and cultural influences. Archives of Sexual Behavior, 36(2), 193–208.

particular[5]. Venimos programados por la naturaleza para sentirnos atraídos no por aquellos individuos que nos podrían hacer más felices, sino por aquellos individuos que más garantizan nuestra capacidad de tener descendencia sana y de que esta sobreviva.

Durante aproximadamente 300 000 años[6] los seres humanos han vivido en un mundo donde la muerte, el peligro y la enfermedad eran omnipresentes. En ese universo, las probabilidades de que tus hijos sufrieran problemas de desarrollo o de que tu familia muriera por falta de recursos y enfermedades eran simplemente devastadoras. Por eso tu cerebro fue evolucionando para elegir en función de los factores más relevantes para la supervivencia y la procreación en un entorno tan hostil como ese: salud, fertilidad y recursos. Una mezcla que tu programación biológica encuentra irresistible.

Como ya vimos anteriormente, la mayoría de los rasgos físicos que nos resultan atractivos en una potencial pareja (simetría facial y corporal, tono muscular, piel lisa y suave, ojos brillantes, pelo resplandeciente, marcadores hormonales, etc.) no son otra cosa que señales de salud, calidad genética y capacidad reproductiva.

Tal vez estás pensando «mmm... ok, quizá eso tenía sentido en el oscuro y peligroso mundo de hace cientos de miles de años, pero... ¿hoy en día?». Ciertamente

---

[5] Para saber más sobre esta perspectiva puedes echarle un ojo al famoso libro de Richard Dawkins *The Selfish Gene* (4.ª ed.), Oxford University Press.
[6] Callaway, E. Oldest Homo sapiens fossil claim rewrites our species' history. Nature (2017).

desde hace un poco más de 100 años, con el desarrollo de la medicina y los avances científicos, las circunstancias han cambiado de un modo inimaginable y a una velocidad de vértigo. Esos factores se han convertido en algo obsoleto y poco relevante. Sin embargo, nuestros cerebros siguen operando según los mismos principios ciegos y automáticos de siempre. Sencillamente no les ha dado tiempo a adaptarse. Llevaban milenios jugando al mismo juego y claramente todavía no han podido aprenderse las nuevas reglas.

¿Has oído hablar del famoso estudio de la "camiseta sudada"?[7]. Hace unos años, un grupo de investigadores suizos pidieron a un conjunto de hombres que renunciaran al desodorante y durmieran con una misma camiseta durante dos noches seguidas. Al cabo de dos días, metieron las camisetas en bolsas de plástico herméticamente cerradas y las llevaron al laboratorio. Posteriormente pidieron a un grupo de mujeres que oliera aquellas camisetas (las cosas que hay que hacer por la ciencia) y puntuara el grado en el que el olor les resultaba más o menos agradable o incluso atractivo. Los resultados fueron verdaderamente reveladores. De manera sistemática, las participantes se sintieron más atraídas por el olor de aquellos individuos cuyo sistema inmunológico era más diferente al suyo. ¿Por qué? Porque cuanto más diferente es el sistema inmunológico de los padres, más fuerte y completo es el sistema

[7] Wedekind, C.; et al. (1995). "MHC-dependent preferences in humans". Proceedings of the Royal Society of London. 260 (1359): 245–49.

inmunológico de sus hijos. Como ves, la naturaleza no da puntada sin hilo. Tiene sus propios objetivos y tu felicidad no está precisamente en los primeros puestos de la lista.

El caso es que todas las evidencias muestran que no hay ninguna asociación entre el atractivo físico de tu pareja y tu felicidad[8]. Cero. Nada. Según los datos, elegir a alguien por su aspecto es igual de recomendable que elegir un regalo por el papel que lo envuelve. No solo es una cualidad menos relevante que otras, sino que, además, por mucho bótox que te pinches, es efímera y pasajera. Sería como casarte con alguien por su dinero sabiendo que, dentro de no mucho tiempo, lo acabará perdiendo.

Y hablando del tema, ¿qué hay del dinero y la riqueza?, ¿es un factor importante?, ¿deberíamos fijarnos en la cuenta corriente de alguien antes de invitarle a salir? La respuesta parece ser: «Mmm… probablemente sí, pero lo justo». Desde luego, es difícil que la cosa vaya bien si no llegas a fin de mes y si estás angustiado por no ser capaz de alimentar o vestir a tus hijos. Es complicado mantener la llama del amor cuando estás sepultado en facturas[9]. Pero, por otro lado, una vez superado cierto umbral donde las necesidades fundamentales están cubiertas, el dinero

---

[8] McNulty, James K., Lisa A. Neff, and Benjamin R. Karney. "Beyond Initial Attraction: Physical Attractiveness in Newlywed Marriage." Journal of Family Psychology 22, no. 1 (2008): 135.

[9] Jackson, G. L., Trail, T. E., Kennedy, D. P., Williamson, H. C., Bradbury, T. N., & Karney, B. R. (2016). The salience and severity of relationship problems among low-income couples. Journal of Family Psychology,30(1), 2–11.

también deja de tener una relación directa con la felicidad de la pareja[10]. Resulta que la llama del amor tampoco brilla más fuerte por mucho que la alimentes con billetes de 500.

Belleza y riqueza, por tanto, no son las cualidades que más deberían preocuparte si tu meta es encontrar la felicidad junto a otra persona. Elegir pareja en función de esas cualidades es como seleccionar a alguien para un puesto de enterrador solo porque en la entrevista demostró un gran encanto y ser un gran conversador. Son grandes cualidades sin duda, pero no parecen particularmente relevantes para el trabajo en cuestión.

Sin embargo, si eres pobre y feo, tal vez no deberías empezar a celebrarlo todavía. Sí, puede que la ciencia esté de nuestra parte, pero por lo que parece tal vez eso no sea suficiente. Menuda sorpresa, ¿verdad? No nos queda más remedio que admitir que, a pesar de no ser relevantes para alcanzar la felicidad, apariencia y riqueza siguen siendo dos de los factores más determinantes a la hora de elegir. Los miles de millones que mueve la industria de la imagen y de los símbolos de estatus son una prueba bastante incontestable. Habrá que dejar la botella de champagne para otra ocasión.

A la hora de la verdad, lo cierto es que la gente intenta conseguir la pareja más atractiva y adinerada

---

[10] Conger, Rand D., Ming Cui, Chalandra M. Bryant, and Glen H. Elder Jr. "Competence in Early Adult Romantic Relationships: A Developmental Perspective on Family Influences." Journal of Personality and Social Psychology 79, no. 2 (2000): 224.

a la que puede optar en el mercado del amor y solo después de satisfacer esos requisitos, prestan atención a otros factores como la personalidad o los valores. A pesar de que de algún modo todo el mundo intuye que estos dos factores pueden no ser el mejor criterio para encontrar la felicidad y a pesar de que nadie quiere verse a sí mismo como un ser superficial, es realmente difícil librarse de su influjo. De una manera u otra, acabamos cayendo en la trampa demasiado a menudo. Pero ¿por qué?

GALLINAS, EMOCIONES Y AUTOENGAÑO

Hay varias razones por las que escapar de este espejismo es tan complicado. Y todas están relacionadas entre sí. La primera es que esos otros factores que también buscamos y valoramos como, por ejemplo, la fidelidad, la bondad, la integridad, la responsabilidad, la lealtad o la madurez, son mucho más difíciles de distinguir, identificar y medir con objetividad. Desgraciadamente todavía no existen test y aparatos que puedas usar un viernes por la noche para analizar la generosidad o la honradez real de tus pretendientes. Es algo que exige tiempo, atención, experiencia y criterio.

La segunda es que todos estos mecanismos ancestrales que guían tu atracción son extremadamente sutiles. Operan sin tu conocimiento y, por supuesto, sin tu consentimiento. Actúan a un nivel no consciente. En silencio. De puntillas. Disfrazados. Bajo el radar. Sólo muy recientemente hemos empezado a descifrar sus códigos y a desvelar sus estrategias.

Y a todo esto súmale nuestra paupérrima capacidad para la introspección y, sobre todo, nuestra extraordinaria habilidad para el autoengaño. Hace unos años, un par de investigadores de la universidad de Austin (Texas) llevaron a cabo un curioso experimento para intentar desentrañar los auténticos mecanismos que se esconden detrás de nuestras decisiones[11]. Para ello, seleccionaron a un grupo de voluntarios y, a la hora de la comida, les ofrecieron la posibilidad de elegir el tipo de pollo con el que iban a elaborar su plato. Todo un detalle, ¿verdad? Para que luego digan que los científicos no tienen sentimientos. Les ofrecieron dos opciones. En primer lugar, podían elegir un tipo de pollo tradicional cuya foto mostraba un ave saludable, regordete y, por qué no decirlo, aparentemente feliz. Por otro lado, el segundo tipo era una nueva variedad de pollo modificado genéticamente con cierto aspecto semi-famélico, escaso plumaje y, en general, con una pinta ligeramente sospechosa. Posteriormente, para que pudieran elegir con criterio, informaron a la mitad de los hambrientos voluntarios de que mientras que el pollo tradicional era sin duda más sabroso, el pollo modificado genéticamente era, no obstante, una modalidad mucho más sana y saludable. Sin embargo (y aquí está la gracia del experimento), la otra mitad recibió el mensaje opuesto: el pollo tradicional era la opción saludable, y el pollo de diseño era mucho más sabroso y suculento.

---

[11] https://mccombstoday.org/2010-04-do-you-make-buying-decisions-based-on-logic-or-emotion-a-tale-of-two-chickens/

¿Cuál elegiría la gente? se preguntaban nuestros científicos. Lo racional sería predecir que las personas elegirían entre un pollo u otro no en función de un criterio tan poco relevante como su aspecto, sino en función de cuánto valoraran las cualidades (salud o sabor) que creían estar asociadas a cada espécimen. Sin embargo, como ya estarás intuyendo, lo que sucedió realmente es que la aplastante mayoría de participantes ignoró al pollo transgénico (al fin y al cabo, ¿quién demonios querría comerse una cosa de aspecto tan inquietante?) y eligió el pollo tradicional y bien parecido independientemente de la cualidad que se le hubiese asignado. Pero lo verdaderamente interesante vino cuando después fueron interrogados por su elección. Mientras que las personas que pertenecían al primer grupo (el que pensaban que el pollo tradicional era más sabroso) aseguraban convencidos que la salud estaba muy bien, pero que lo importante para ellos era el sabor, los del segundo grupo (que pensaban que el pollo tradicional era más saludable) afirmaban con total rotundidad que el sabor es algo deseable pero, por supuesto, ni mucho menos tanto como la salud. Claramente la gente estaba escogiendo el pollo por su aspecto y después justificaba su elección con argumentos sobre lo importante que era la característica en la que, presuntamente, el pollo atractivo y resultón destacaba, fuese cual fuese. Y lo mismo tiende a ocurrir para elegir un móvil, un coche, un reloj... o una pareja. Tendemos a decidir emocionalmente y luego buscamos las razones que apoyan nuestra decisión. Mas que seres racionales somos seres racionalizadores[12]. Si no somos racionales para elegir una gallina que comer, imagínate para elegir a alguien a quien amar.

Somos realmente extraordinarios contándonos mentiras.

Si, lo sé. Es probable que, como casi todo el mundo, puedas estar pensando: «Cuánta razón tiene. Menos mal que a mí eso no me pasa». Pero entonces, en cuanto pronuncias esas palabras, más que nunca, eres la demostración viva de este mismo principio.

La cara C del romanticismo

No obstante, a la hora de elegir, existe un factor aún más peligroso que nuestra falta de experiencia o nuestra tendencia a dejarnos guiar por los factores equivocados. Se trata una vez más (efectivamente, lo has adivinado) de la concepción romántica del amor. ¿Por qué? Pues porque directamente elimina la idea misma de elegir.

Según la visión romántica, el amor se encuentra o no se encuentra, pero no se elige. Más aun, de algún modo misterioso es el amor quien elige por ti. Es él quien te atrapa y no al revés. "El amor no es algo que has de encontrar, sino algo que te encuentra a ti" decía Loretta Young. En realidad, tú nunca tuviste ninguna capacidad de decisión al respecto. Cualquier intento por dirigir o esquivar las caprichosas flechas de cupido es tan solo un inútil gesto de arrogancia.

---

[12] Si quieres profundizar más sobre el papel que tienen las emociones a la hora de guiar nuestras decisiones puedes leer el clásico de Antonio Damasio titulado *El error de Descartes*.

Además, el romanticismo proclama que todos nosotros tenemos un alma gemela esperándonos ahí fuera y que, si no nos rendimos, la acabaremos encontrando. ¿Y cómo la reconoceremos? Sencillo. Lo sentiremos en nuestras entrañas de un modo que no admite duda. Una pasión irrefrenable e inconfundible. Un arrebato del alma. Una sacudida del espíritu. Un sentimiento intenso, repentino y certero. Será entonces cuando toda la oscuridad se volverá luz, el vacío se llenará de esperanza, la sinrazón cobrará sentido y la soledad se desvanecerá para siempre. Hermoso, ¿verdad? ¿Tal vez demasiado?

Esta concepción, casi mágica, del amor es tan bonita que es prácticamente irresistible. ¿Quién no quiere sentir algo así? ¿Quién no quiere ser quien lo provoque? Quizá por eso, como muestran algunas encuestas[13], esta rosácea visión está más extendida de lo que podría parecer. El 88 % de los encuestados piensan que su alma gemela existe y está esperando a ser descubierta. Y, quizá lo mejor de todo, el 87 % se muestra convencido de que la encontrará. Si el amor no triunfa, desde luego no será por falta de optimismo.

Sin embargo, en mi opinión, esta bella manera de pensar encierra varios peligros. El primero es que suele volverse trágica con cierta facilidad. Piensa en el siguiente escenario: ¿qué ocurre si "sabes" que has encontrado a tu alma gemela (esa que dotará de sentido tu frágil existencia) pero esta no piensa lo mismo?

---

[13] Whitehead, B., and D. Popenoe. "Singles Seek Soul Mates for Marriage." (2010). Accessed February 14, 2022. www.gallup.com/poll/4552/Singles-Seek-Soul-Mates-Marriage.aspx.

Como puedes imaginar, para el romanticismo las opciones que se derivan del amor no correspondido son más bien sombrías porque ¿qué sentido tiene entonces seguir viviendo?

Otro problema es que esta concepción te puede llevar a pensar que la calidad de tu amor depende de la fuerza de ese sentimiento. Cuanto más fuerte y precoz es la pasión, más hermoso y puro es el amor. Por otro lado, si no has sido atravesado por esa sobrecogedora sensación, si tu historia de amor no tiene nada de "especial", si las huellas del destino no son visibles, no queda más remedio que empezar a asumir que probablemente tu amor no es de la misma calidad. Se trata, para qué engañarse, de un amor de segunda. Un amor de marca blanca. ¿De verdad te vas a conformar con eso? Ya sabía yo que no.

Lo sorprendente es que, aunque como puede comprobarse con cierta frecuencia y facilidad, no existe ningún vínculo entre la fuerza de esa pasión y su capacidad para dar lugar a una relación duradera y satisfactoria, la mera presencia de ese sentimiento tiende a justificarlo todo. No se puede argumentar contra él. Es causa suficiente y definitiva. No se necesitan más pruebas y evidencias. Y, sin embargo, no parece que delegar puramente en el sentimiento una decisión tan relevante como esta sea lo más recomendable. Dejando a un lado el pequeño detalle de que, como hemos visto, el enamoramiento no representa precisamente el estado mental más clarividente, hay que tener en cuenta que probablemente a casi nadie se le ocurriría aplicar este mismo principio a otras decisiones importantes. Quiero creer que antes de elegir un neurocirujano, por ejemplo, la gente preferiría investigar sus méritos, buscar recomendaciones, pedir consejo... es decir, seguir estrategias más fiables que simplemente dejarse guiar por el sentimiento.

El reto es complicado, hay que reconocerlo. Con tantos posibles obstáculos acechando en el camino, parece que acertar al elegir pareja (especialmente si estás enamorado) es casi tan difícil como conducir borracho. Pero entonces, si ese es el caso, quizá lo más sensato resultaría darle las llaves a otro para que te lleve a casa, ¿no crees? Tal vez esa sea una de las mayores ventajas de los matrimonios concertados. Al menos en teoría, dejar la decisión en manos de alguien con más experiencia, más conocimiento y que seguramente quiere lo mejor para ti claramente podría aumentar las probabilidades de acierto. Pero no me entiendas mal, tampoco creo que esa sea la solución apropiada para el desafío que nos ocupa. Entre otras cosas porque, como decía Chesterton, hay tareas que, salvo circunstancias excepcionales, uno debe hacer por sí mismo, aunque quizá otro pudiera hacerlas mejor. Estamos hablando de realidades como votar, educar a tus hijos, lavarte los dientes o escribir tus propias cartas de amor. Son responsabilidades que te pertenecen y son intransferibles. Y en mi opinión, elegir tu compañero de vida es sin duda una de ellas.

«Ok. Y entonces ¿qué hago?», te estarás preguntando. «¿Qué debería tener en cuenta si quiero acertar en una de las elecciones más importantes de mi vida?».

Muy buena pregunta. ¿Tienes tiempo para unas cuantas sugerencias?

6.
LA IMPORTANCIA DE SABER ELEGIR
(o cómo elegir pareja y no morir en el intento)

HAY MOMENTOS EN LA VIDA en los que es necesario señalar eso que llamamos "verdades incómodas". Son esas verdades impopulares que (con dolor en el corazón y cara de sufrimiento) revelas porque, aunque sabes que inicialmente convierten el mundo del otro en un lugar más doloroso y sombrío, a la larga esperas que sirvan para mejorar su existencia. Como cuando le dices a esa persona que aprecias que tal vez debería cambiar de colonia (o al menos no echarse todo el frasco), que quizá debería empezar a cepillarse los dientes con más entusiasmo o, peor aún, que el bigote que se ha dejado porque alguien le dijo que se parecía a Freddy Mercury probablemente no ha sido su mejor decisión.

Me temo que ha llegado otro de esos momentos. Ha llegado el momento de decir (con dolor en el corazón y cara de sufrimiento) que, en realidad, más que dejarte guiar por las señales del destino, las flechas de cupido, las mariposas de tu estómago o los dictados de tu corazón, el proceso para elegir la pareja con la que compartir el resto de tus días no debería ser (al menos en determinados aspectos) muy diferente al proceso de seleccionar a un candidato para un puesto de trabajo o elegir un socio para formar una empresa.

Si, lo sé. Reconozco que la metáfora no es especialmente romántica, pero probablemente en eso mismo reside su eficacia. Efectivamente, cada vez que insinúo que, de cara a encontrar la felicidad duradera en pareja, la perspectiva de enamorado romántico es menos útil que la mentalidad de gestor de recursos humanos, la gente me mira como si acabase de apalear a un bebé foca, estrangular a un gatito con mis propias manos o pisotear con saña un jardín de delicadas flores. Tal es la fuerza y el arraigo de la concepción romántica. Cualquiera que se atreva a ponerla en duda corre el riesgo de ser percibido como un ser gris y sin alma cuya única misión es destruir el amor y la belleza. Pero nos jugamos demasiado como para ser superficiales y complacientes ¿no crees?

A su vez, conviene dejar claro que lo que propongo no significa que haya que ir por la vida encuestando y entrevistando candidatos con un formulario de respuesta múltiple bajo el brazo, sino que se trata de adoptar un enfoque en el que al menos haya la misma dosis de cabeza y sensatez que de corazón y sentimiento. Nos guste o no, es necesario admitir que el matrimonio es una aventura para la que hacen falta una serie de habilidades y capacidades concretas. La prueba es que no todo el mundo sobrevive al desafío. De hecho, como nos recuerdan las sombrías estadísticas, son pocos los que llegan a la meta. Casarse y formar una familia es atarse a alguien para recorrer un camino. A veces el camino será fácil, reconfortante y hermoso. Podrás disfrutar de verdes praderas y paisajes únicos y extraordinarios. Otras veces, sin embargo, el camino se volverá monótono, abrupto, peligroso y difícil. Quizá incluso desaparezca por completo. Encontrarás maleza, ríos que atravesar y precipicios que superar. En ocasiones el terreno será llano o incluso cuesta abajo, pero en muchos otros momentos (la enfermedad de un hijo, la pérdida del trabajo, un revés económico, una tragedia familiar, etc.) tendrás que enfrentarte a pendientes tan empinadas que incluso el Everest te parecería más asequible.

Y no todo el mundo está preparado para subir al Everest.

No todo el mundo está capacitado para ese reto. No basta con querer o desearlo. Ni siquiera basta querer o desearlo mucho. Hay que estar objetivamente preparado. Preparado de verdad. Hace falta tener piernas incombustibles, pulmones infatigables, determinación de acero y, además, contar con la equipación apropiada.

Por eso, si tuvieras que elegir un compañero de aventura para subir el Everest, supongo que pocos aconsejarían tomar la decisión únicamente en función de un sentimiento, un pálpito o las señales del destino. Lo recomendable sería elegir a alguien que, en la medida de lo posible, no le asusten las alturas, sea capaz de caminar grandes distancias sin quejarse, pueda levantarte tras las caídas, esté dispuesto a compartir el último sorbo de su cantimplora contigo, y te anime y consuele en los momentos donde rendirse parece la única salida. Desde luego, sospecho que a quien no querrías es a alguien flojo y blando que tengas que ir arrastrando por el sendero. Si en el campamento base ya se está quejando de que hace frío, que le duelen los pies e incluso te pide que le lleves a caballito un rato, imagínate cuando la cosa se ponga realmente difícil a 6000 metros de altura. A esa altitud lo que quieres es un compañero de verdad en el que apoyarte y no otra mochila más que cargar a tus espaldas.

POLOS... ¿OPUESTOS?

Para escalar el Everest del matrimonio no solo necesitas a alguien capaz de recorrer ese exigente camino, sino también a alguien capaz de recorrerlo en compañía. Por eso, tanto en el ámbito del amor como en el profesional, lo primero que hay que preguntarse respecto a un posible candidato es si encaja con el resto del equipo (sí, lo has adivinado, en este caso el resto del equipo eres tú). Por ejemplo, apostar por alguien que no comparte tus mismos valores probablemente significa crear las bases para el conflicto, el desencuentro y la inestabilidad en el futuro.

No obstante, lo realmente relevante a la hora de compartir valores es hacerlo no de manera general y abstracta (al fin y al cabo, es difícil encontrar a alguien que afirme estar en contra de valores como la honestidad, la justicia o la amistad), sino de manera relativa. Es decir, el quid de la cuestión no es simplemente compartir los mismos valores sino, sobre todo, la importancia comparativa que se le da a cada valor. ¿Es la sinceridad más importante que la amabilidad? ¿Es la amistad más importante que la economía? ¿Es la religión más importante que la familia? ¿Es la familia más importante que el trabajo? ¿Es el éxito más importante que la lealtad? Es esa jerarquía de valores la que determina cada una de tus decisiones. Si valoras la honradez y el respeto a la propiedad ajena por encima del dinero quizá tengas un ligero conflicto cuando tu pareja te sugiera que quiere empezar a compaginar su trabajo de asesor financiero con el lucrativo negocio de estafar ancianos. Evidentemente, es fundamental que ambos estéis de acuerdo con el destino final del viaje, pero exactamente igual de importante es que estéis también de acuerdo en cuáles son las formas válidas y aceptables de viajar.

En cualquier caso, no olvides que la mejor (o quizá la única) manera de comprobar cuáles son los auténticos valores reales de una persona no consiste en escuchar lo que la gente dice sino, sobre todo, en observar lo que la gente hace. ¿A qué dedica su tiempo? ¿En qué se gasta su dinero? Como bien demuestran los propósitos de año nuevo, hablar es gratis. Sin embargo, examinando la agenda y la cuenta de gastos de cualquier persona puedes corroborar con rapidez y precisión cuáles son, de verdad, los aspectos de la vida a los que confiere más valor.

La relevancia de coincidir en las cosas importantes de la vida se extiende a otros aspectos además de los valores. Existen montañas de evidencia científica que muestran cómo las parejas que tienen intereses, orígenes socioeconómicos[1] e incluso personalidades[2] similares generalmente experimentan mayores niveles de satisfacción y estabilidad. Esto, claro está, desafía otro de los grandes mitos de las relaciones. Ese de que los polos opuestos se atraen. Según la ciencia, lo que es cierto para los imanes no suele cumplirse para las personas. Tal vez esto explica por qué los tronistas de HyMyV y los físicos teóricos no suelen acabar emparejados. Quizá las diferencias pueden resultar atractivas y fascinantes en un primer momento. A veces es más fácil valorar y disfrutar de aquellos rasgos de los que careces. Una persona tímida y tranquila puede quedar inicialmente fascinada por el desparpajo y la vitalidad del otro. Sin embargo, con el paso del tiempo, cada fin de semana corre el peligro de convertirse en un escenario en el que el plan de quedarse en casa con sofá, mantita y Netflix del primero choca frontalmente con el plan de salir de fiesta "a darlo todo" del segundo. Igualmente, la clásica historia "chica rica-chico pobre" (o viceversa) en la que los protagonistas de la novela, película o culebrón fortalecen su puro y desinteresado amor luchando contra los obstáculos que les plantea un mundo despiadado y cruel no parece dar tan buenos resultados en el mundo real[3]. Las diferencias en educación, mentalidad, gustos, intereses y expectativas suelen ser demasiado grandes.

---

[1] Bachand, L. L., & Caron, S. L. (2001). Ties that bind: A qualitative study of happy long-term marriages. Contemporary Family Therapy, 23(1), 105-121.

[2] Rammstedt, B., Spinath, F. M., Richter, D., & Schupp, J. (2013). Partnership longevity and personality congruence in couples. Personality and Individual Differences, 54(7), 832-835.

[3] Cho, M., Impett, E. A., Campos, B., Chen, S., & Keltner, D. (2020). Socioeconomic inequality undermines relationship quality

Una vez comprobado que un candidato encaja razonablemente bien con el resto del equipo, lo siguiente, y más importante, sería constatar que, de hecho, tiene las cualidades y habilidades necesarias para realizar adecuadamente el trabajo.

Como comentábamos anteriormente, el matrimonio es un camino en el que (además de alegrías), inevitablemente, vamos a encontrar imprevistos y problemas. Por tanto, uno de los criterios clave para saber hasta qué punto alguien será o no un buen compañero de viaje pasa por evaluar su actitud ante los problemas y las dificultades. ¿Cómo reacciona ante los imprevistos y las contrariedades? ¿Se derrumba al menor contratiempo o mantiene la calma y una mentalidad firme y optimista? ¿Emplea su tiempo y energía en buscar culpables y excusas o asume con madurez su parte de responsabilidad? ¿Se sumerge en el fatalismo y se deprime rumiando los próximos e ineludibles escenarios catastróficos o se centra en cómo atajar el problema de un modo realista y práctico?

Pero igual de importante (o probablemente más) que encontrar a alguien que mantiene la calma y el optimismo, asume con madurez su parte de responsabilidad y se centra en cómo afrontar el problema, es encontrar a alguien que, al menos, no añada aún más problemas de los que, de hecho, ya hay. Según vayas cumpliendo años te darás cuenta de que hay

in romantic relationships. Journal of Social and Personal Relationships, 37(5), 1722-1742.

al menos dos verdades inmutables, incuestionables e imperecederas. La primera es que, efectivamente, no hay ningún hombre al que le queden bien las sandalias de pescador. La segunda es que en la vida hay dos tipos de personas: las que, sea cual sea el contexto, tienden a resolver problemas y las que, vayan a donde vayan, tienden a crearlos. ¿Adivinas cuál de los dos puede hacerte la vida más fácil?

Por si aún dudas de la importancia que esta tendencia a preocuparse y problematizar en exceso puede tener sobre las relaciones sentimentales, te adelanto que forma parte de un rasgo más amplio que los psicólogos denominan *Neuroticismo* y que, como muestran todos los estudios, es el rasgo de la personalidad[4] más relevante a la hora de predecir la satisfacción (o insatisfacción) de la vida en pareja[5]. Ojito que la cosa va en serio.

Las personas neuróticas tienden a experimentar una mayor inestabilidad emocional y una mayor cantidad de emocionalidad negativa (ansiedad, irritabilidad, inseguridad, tristeza, culpabilidad, temor, etc.). Y esto es clave, porque si hay algo aún más contagioso que el coronavirus, eso son las emociones[6]. La angustia, la amargura, la ira, la preocupación, la melancolía y la pesadumbre viajan de persona a persona

---

4 Si quieres leer una buena introducción acerca de los cinco grandes rasgos de la personalidad te recomiendo el excelente libro *Personality* de Daniel Nettle.

5 Fisher, T. D., & McNulty, J. K. (2008). Neuroticism and marital satisfaction: The mediating role played by the sexual relationship. Journal of family psychology, 22(1), 112.

6 Barsade, S. G. (2002). The ripple effect: Emotional contagion and its influence on group behavior. Administrative science quarterly, 47(4), 644-675.

a la velocidad de la luz. Supongo que ya te haces una idea de lo que esto significa en una relación, pero por si acaso déjame que te recuerde que estamos hablando de elegir a la persona con la que, si la salud acompaña, vas a compartir tus próximas veinte mil cenas. Veinte mil (para mayor impacto léase esta cifra a cámara lenta). Resumiendo: asegúrate de que no se te indigeste el postre.

A su vez, la inseguridad propia de las personas neuróticas[7] suele dificultar aún más sus relaciones con compañeros, familiares, amigos y pareja. Su tendencia a interpretar casi cualquier cosa como un indicio de un posible problema muchas veces es la causa que acaba generándolo. Si, por ejemplo, una tarde cualquiera, su pareja parece retraída y poco comunicativa, la persona neurótica suele dejar de lado cualquier otra explicación posible (cansancio, un mal día en el trabajo, etc.) y automáticamente deduce que el comportamiento distante y frío de su pareja es una señal inequívoca de que la relación va, como no podía ser de otra manera, irremediablemente mal. Esta desalentadora conclusión le llevará a entristecerse, asustarse, ofenderse… (o probablemente un poco de todo) y, lo que es peor, quizá a realizar algún comportamiento que acabe perjudicando realmente la relación. Así, una persona que esté constantemente molesta o preocupada porque su pareja le vaya a engañar o a abandonar podría llegar a generar un clima o un contexto que finalmente provoque alguna de

[7] Yao, Z. (2020). The Relationship between Neuroticism and Self-Esteem. The Frontiers of Society, Science and Technology, 2(12).

esas dos cosas. Como ves, el neuroticismo es el elixir por excelencia de la desgracia autoinfligida[8].

John Gottman y Robert Levenson, dos de los investigadores más relevantes en el campo de las relaciones sentimentales (si Cupido repartiese premios Nobel, sin duda ellos tendrían uno), pudieron comprobar que la verdadera clave para evaluar y predecir la satisfacción y estabilidad de una pareja es la proporción que existe entre el número de interacciones positivas (muestras de cariño, afecto, interés, etc.) dividido por el número de las interacciones negativas (críticas, muestras de desprecio, desinterés, etc.). Tras observar y estudiar el modo de relacionarse de cientos de matrimonios llegaron a la firme conclusión de que un mero equilibrio entre ambas no era suficiente. El mayor peso que tendemos a adjudicar a las emociones negativas comparadas con las positivas[9] hace que un gesto de cariño no sea suficiente para compensar un gesto de desprecio. Ni siquiera dos son suficientes… ni tampoco tres. Lo que Gottman y Levenson descubrieron con cierto estupor fue que las parejas que se mantenían unidas y felices eran

---

[8] Es importante tener en cuenta que las personas neuróticas suelen tener un estilo de apego inseguro que es también un mal predictor de la calidad de las relaciones interpersonales. Si te interesa entrar más en detalle sobre la relación entre estos dos conceptos puedes asomarte a Noftle, E. E., & Shaver, P. R. (2006). Attachment dimensions and the big five personality traits: Associations and comparative ability to predict relationship quality. Journal of research in personality, 40(2), 179-208.

[9] Vaish, A., Grossmann, T., & Woodward, A. (2008). Not all emotions are created equal: the negativity bias in social-emotional development. Psychological bulletin, 134(3), 383.

aquellas que, incluso en las situaciones de conflicto, alcanzaban una proporción mínima de cinco interacciones positivas por cada interacción negativa. Por debajo de esa proporción mágica de cinco a uno, la relación tiende a deteriorarse[10]. Como puedes suponer, conseguir alcanzar esa proporción y, sobre todo, mantenerla en el tiempo es algo extremadamente exigente y que requiere de grandes dosis de trabajo y esfuerzo. Bien, pues ahora imagina la dificultad de mantener esa proporción con una persona insegura que tiende a detectar problemas en todas partes (incluido en ti, o mejor dicho, especialmente en ti), se siente amenazada con facilidad y se ofende más a menudo de lo habitual. Suerte con eso. Intentar mantener el saldo positivo con una persona neurótica e insegura es como intentar achicar con las manos el agua que se filtra a borbotones en una barca llena de grietas y orificios. Como intentar inflar a pulmón una colchoneta de playa plagada de agujeros. Lo más probable es que, por mucho que te empeñes, a la larga acabes exhausto… y en el fondo del mar.

Podemos concluir, por tanto, que aun cuando tal vez podría haber algunos trabajos para los que dicha sensibilidad hacia las amenazas y los problemas podrían resultar ventajosa (piensa por ejemplo en el jefe de seguridad de un aeropuerto… o en el guardaespaldas de Donald Trump), el de candidato a matrimonio no es definitivamente uno de ellos.

---

[10] Gottman, J. M., & Levenson, R. W. (1992). Marital processes predictive of later dissolution: behavior, physiology, and health. Journal of personality and social psychology, 63(2), 221.

Por otro lado, el neuroticismo no es el único rasgo de la personalidad que conviene tener en cuenta. El matrimonio es fundamentalmente un compromiso entre dos personas, y para sostener un compromiso es imprescindible alguien fiable, constante, y capaz de mantener sus promesas. Además, a pesar de que en las novelas románticas no se dedican muchas páginas a aquellos momentos en los que los protagonistas tienen que lavar y tender la ropa, limpiar los baños o revisar las facturas, lo cierto es que todo matrimonio conlleva una parte logística sin la cual la relación es sencillamente insostenible. Así, es necesario que sus integrantes sean lo suficientemente ordenados y disciplinados como para organizar y mantener un hogar en funcionamiento. Todo lo cual nos lleva al segundo rasgo de la personalidad más importante a la hora de predecir el éxito en una relación de pareja a largo plazo: la *Responsabilidad*[11].

Las personas responsables tienden a ser más trabajadoras, disciplinadas y ordenadas. Cumplen regularmente las normas, y muestran más capacidad para controlar sus impulsos. Como consecuencia de todo lo anterior, suelen conseguir mejores trabajos y perciben mayores salarios, su salud es habitualmente mejor y sus relaciones sociales son generalmente más satisfactorias. Las personas poco responsables, por

---

[11] Claxton, A., O'Rourke, N., Smith, J. Z., & DeLongis, A. (2012). Personality traits and marital satisfaction within enduring relationships: An intra-couple discrepancy approach. Journal of Social and Personal Relationships, 29(3), 375-396.

otro lado, son inconstantes, desorganizadas, perezo-
sas, impulsivas y con mucha mayor propensión a desarrollar adicciones. Lo sé. ¿Quién no querría subir al
Everest con alguien así? Si crees que en un futuro te
gustaría formar una familia, recuerda que necesitarás
a alguien que pueda compartir contigo la ardua tarea
de criar a tus hijos, no alguien más a quien cuidar.

Aunque es cierto que en los votos matrimoniales
te comprometes a amar al otro "en la salud y en la
enfermedad, en la riqueza y en la pobreza", los datos
muestran que si te casas con una persona responsable
es mucho más probable que te encuentres más de lo
primero y bastante menos de lo segundo[12]. Seguramente quieras tener eso en cuenta.

¿Yo o nosotros?

Sigamos con nuestro proceso de selección. Como sabes, el matrimonio consiste en crear una sola visión y
un solo camino donde inicialmente había dos. Pero
encontrar puntos en común y acuerdos a partir de vi-
siones originariamente diferentes es un reto realmente
complejo. Hace tiempo escuché que si alguna vez vas a
IKEA y observas a alguna pareja que no esté discutien-
do es porque en realidad solo han ido a robar lápices
o a comer albóndigas. El conflicto y el desencuentro
son parte natural de la realidad matrimonial, por lo
que la habilidad para resolver conflictos es sin duda

---

[12] Williams, L., Ashford-Smith, S., Cobban, L., Fitzsimmons, R.,
Sukhatme, V., & Hunter, S. C. (2019). Does your partner's personality
affect your health? Actor and partner effects of the Big Five personality traits. Personality and Individual Differences, 149, 231-234.

una de las destrezas más necesarias. Así pues, necesitas a alguien que sepa ponerse en el lugar del otro, ir más allá de sus propios intereses y ser capaz de preocuparse por las necesidades y el bienestar de los demás. Precisamente este conjunto de cualidades conforma lo que los psicólogos han llamado *Amabilidad* y, como era de esperar, es otro de los rasgos de la personalidad más determinantes e influyentes sobre la calidad de la vida en pareja y la felicidad matrimonial[13].

Las personas que puntúan alto en amabilidad prefieren cooperar a competir, suelen confiar en los demás y son empáticas y amigables. Las personas poco amables, sin embargo, suelen preocuparse esencialmente por sus propios intereses, son más hostiles hacia los demás y tienden más a la confrontación. Por eso, las personas que puntúan especialmente bajo tienden a ser egocéntricas, narcisistas y manipuladoras. Supongo que en este caso tampoco hay muchas dudas sobre qué candidato sería más recomendable.

Igualmente, ser empático, comprensivo y flexible es importante por otro motivo. Y es que en el matrimonio no solo hay que ser capaz de saber cómo resolver conflictos, sino que también hay que ser capaz de saber cómo no resolverlos. Me explico. Según los expertos, el 69 % de los problemas y desacuerdos que surgen en una relación de pareja no se resuelven nunca. Sí, has oído bien. ¡Nunca! Siete de cada diez conflictos, como una mancha de boli en tu camisa

[13] Chopik, W. J., & Lucas, R. E. (2019). Actor, partner, and similarity effects of personality on global and experienced well-being. Journal of research in personality, 78, 249-261.

preferida, son para siempre. No desaparecen por mucho que frotes. Son problemas estructurales que surgen a raíz de las irremediables diferencias que existen entre dos personas distintas y sus diferentes maneras de ver y sentir el mundo. Por eso, siete de cada diez veces necesitas a alguien capaz de discrepar desde la comprensión y el respeto y de aceptar las diferencias. Casi más esencial que encontrar a alguien que sepa cómo resolver conflictos, es encontrar a alguien que sepa cómo lidiar con los conflictos no resueltos.

¿Disney o realidad?

Por último, y sin duda más importante, para concluir con garantías tu proceso de selección necesitas un candidato que tenga una concepción correcta tanto del puesto de trabajo como de su finalidad. Es difícil hacer bien una tarea si no sabes en qué consiste o si crees que debes hacer otra distinta. En este caso, es difícil querer bien a alguien si tienes una concepción desacertada de lo que es el amor. Por eso, necesitas a alguien que sea consciente de que el amor no es un sentimiento, sino un compromiso de entrega mutua. Una decisión diaria y constante de perseguir el bien del otro. Un acto de la voluntad. Una realidad que se elige y se construye, y no algo que te sucede.

Las concepciones puramente sentimentales del amor imposibilitan el amor verdadero. Generan expectativas ilusorias y te dejan indefenso cuando, irremediablemente, se produce el impacto con la realidad. No es de extrañar que los estudios muestren que, cuanto más crees en ideas románticas, más infeliz eres en tus relaciones[14]. Es imposible llegar con éxito a tu destino si el mapa que estás mirando no es más que un dibujo inventado.

NI NADIE ES PERFECTO NI TÚ ERES UNA ONG

¿Cuál es, entonces, el perfil del candidato ideal? Si elaboramos su retrato robot, deberíamos buscar a alguien que entienda que el amor es un acto de entrega recíproca entre dos personas que deciden comprometerse día a día a hacerse felices mutuamente. Que sea seguro, optimista, y emocionalmente estable. Que sea lo suficientemente responsable como para cuidar de sí mismo y, claro está, de algún que otro más. Que sea comprensivo y que tienda a poner las necesidades de los demás, como poco, al mismo nivel que las suyas. Que comparta tus expectativas y valores más profundos y fundamentales, esos con los que no se negocia. Que, a ser posible, posea la capacidad de alcanzar un nivel de vida que, al menos, cubra las necesidades básicas y que os permita no pasar apuros y penurias. Y, por supuesto, que sea lo suficientemente atractivo como para despertar la chispa del deseo. Al fin y al cabo, nadie quiere pasarse el resto de su vida besando al equivalente humano de un brócoli.

Ahora bien, antes de salir corriendo a la calle en busca del candidato perfecto, conviene recordar que esto no deja de ser solo un ideal. Porque nadie es

---

[14] Holmes, B., & Johnson, K. R. (2009). Where fantasy meets reality: Media exposure, relationships beliefs and standards, and the moderatiing effect of a current relationship. In EP Lamont (Ed), Social Psychology: New Research. (pp. 117-134).

perfecto. Probablemente, ni siquiera tú. Todos tenemos defectos. Lo importante es no olvidar que hay defectos más relevantes que otros. Y algunos son *muuuuy* relevantes. En realidad, letales. ¿Es una persona con un gran corazón, pero emocionalmente inestable? ¿Es encantadora pero extremadamente irresponsable y desorganizada? ¿Es irresistiblemente atractiva, pero tiene una concepción diferente de la vida y del amor? ¿Es divertida y fascinante pero egocéntrica? Ahí va una humilde sugerencia: piénsatelo bien antes de subirte a ese barco para siempre. Si cierras los ojos y prestas atención, puedes escuchar cómo se va filtrando el agua por sus grietas.

Digo para siempre porque, aunque es cierto que la gente puede evolucionar levemente o incluso cambiar algunos comportamientos concretos, los datos muestran que ciertos rasgos como la inteligencia, el optimismo, el sentido del humor o la personalidad, por ejemplo, son bastante estables[15]. Por ello, es importante no caer en la clásica tentación de pensar que cuando las circunstancias sean otras ("cuando se case…", "cuando tenga hijos…") cambiará. O peor aún… que tú le cambiarás. Ahora que estamos a tiempo, déjame que te enumere una lista de cosas que, por mucho que quieras, no puedes cambiar: el pasado, el clima, otras personas. Si hay algo de otra persona que te exaspera o disgusta ve asumiendo que la cosa no va a mejorar demasiado. Lo que se ve es lo

---

[15] Caspi, A., Roberts, B. W., & Shiner, R. L. (2005). Personality development: Stability and change. Annual Review of Psychology, 56, 453–484.

que hay. Por eso, pregúntate si lo que quieres es más de lo mismo… extendido en el tiempo… para siempre. No digo que la gente no puede cambiar en absoluto, simplemente digo que la probabilidad de que ese cambio ocurra en el grado en que lo necesitas o lo deseas es muy escasa. Tan escasa como la probabilidad de que un inspector de hacienda se equivoque a tu favor. Echa cuentas.

No obstante, algunas personas esbozan en sus cabezas una bella historia de redención en la que, gracias a la fuerza salvadora de su amor, consiguen rescatar a un alma desvalida y atormentada. Como cuento es realmente hermoso, pero… ¿de verdad quieres apostar por un caballo que ya está cojo antes de empezar la carrera? Las ganas de ayudar son siempre encomiables, desde luego. Pero desafortunadamente, la semejanza entre este tipo de expectativas y la fría realidad suele ser similar al parecido que existe entre cualquier receta de Ferran Adrià y mis macarrones con queso. Si quieres hacer algo por los demás, colaborar con una ONG puede ser una gran idea. Convertir tu matrimonio en una, sin embargo, quizá no tanto.

TRES DESEOS… PERO NO MÁS

Tener claro las cualidades que debes buscar es importante porque, aunque idealmente todos aspiramos a encontrar a alguien que esté lleno de virtudes, hay algo que se suele interponer entre tú y ese ambicioso propósito: la estadística. Por inapropiado que parezca, el amor también está sujeto a la estadística.

La cosa va así: cuantas más cualidades exijas en una persona, menos probable es que esa persona exista... que no esté ya en una relación... que esté dentro de tu círculo social... que te la encuentres... y que, a su vez, esté interesada en ti. Ya lo siento. Maldita estadística. Respecto a cualquier parámetro que elijas, la mayor parte de las personas se encuentran en torno a la media, por lo que el número de individuos que puntúa por encima en más de una cualidad va disminuyendo drásticamente en la medida en la que va aumentando el número de cualidades que vas añadiendo como requisito. Así, según las matemáticas del amor, el número de candidatos y candidatas seleccionables que poseen todos los requisitos que exiges decae drásticamente hasta casi la inexistencia en cuanto pides más de tres[16]. Cupido te concede como mucho tres deseos, pero no más.

Este revelador hallazgo nos conduce a dos conclusiones inevitables. La primera es que más nos vale elegir bien qué tres cualidades queremos priorizar en nuestra búsqueda, porque si no, como suele acabar sucediendo, será el azar y la biología los que decidan por nosotros[17]. Además, como no podía ser de otra manera, tener claro y definido lo que vas buscando aumenta tus probabilidades de encontrarlo. ¿Has

---

[16] The Science of Happily Ever After: What Really Matters in the Quest for Enduring Love" de Ty Tashiro".

[17] Si quieres leer un interesante estudio sobre cómo la gente suele acabar eligiendo pareja más por azar que por intención échale un ojo a Lykken, D. T., and A. Tellegen. "Is Human Mating Adventitious or the Result of Lawful Choice? A Twin Study of Mate Selection." Journal of Personality and Social Psychology 65 (1993): 56–68.

oído hablar alguna vez del sistema reticular activador ascendente? Se trata de una región de tu cerebro que funciona como un radar y cuya misión es identificar y seleccionar en el entorno todo aquello que pueda ser de interés para ti y tus objetivos. Esto explica por qué cuando una mujer se queda embarazada (o lo pretende), comienza a observar y detectar un número cada vez mayor de mujeres que también lo están, o por qué si alguien va buscando comprar un piso empieza a percibir carteles de "se vende" que antes parecían escondidos. No es magia, es tu cerebro intentando ayudarte. Es muy difícil encontrar lo que no sabes que vas buscando, pero en cuanto defines con claridad tus metas, tu cerebro está programado para poner su granito de arena. Paulo Coelho decía que «cuando realmente deseas algo, el universo entero conspira para que lo consigas». No sé si podemos hablar por todo el universo (¿quizá te has venido un poco arriba, Paulo?), pero ya sabemos que desde luego tu cerebro sí que está dispuesto a hacer su parte.

La segunda conclusión es que, cuando hablamos de encontrar pareja, conviene ser realista. Si en el mejor de los casos, solo contamos con tres deseos, eso significa que, respecto al resto de cualidades, tendremos que conformarnos con alguien normal, del montón, mediocre... en su sentido más literal (es decir, en la media). Asúmelo. No seas demasiado tiquismiquis. Las matemáticas te vigilan. La banca siempre gana. Además, recuerda que no necesitas a alguien que sea perfecto, básicamente porque no existe. Cuando escoges una pareja estás eligiendo no solo un amante, sino también un padre, un educador, un cocinero, un gestor, un amigo, un terapeuta, un consejero profesional, etc. Es imposible que alguien sea excelente en todos esos aspectos y aun menos que te lo parezca todo el tiempo. Pero no es necesario, basta con que sea... "suficientemente bueno". Enmarca ese concepto y reflexiona sobre él porque te puede cambiar la vida. Probablemente, no habría suficientes páginas para explicar la importancia de esta noción. No entenderlo es sinónimo de desgracia. Exigir el ideal solo genera frustración e infelicidad. Libérate. Renuncia a la perfección. Abraza la realidad.

Por eso mismo, no olvides que, aunque hayas elegido a una persona adecuada (o suficientemente buena), en algún momento las dificultades del camino pueden llegar a hacerte pensar que te equivocaste al elegir. En esos instantes es fundamental darse cuenta de que los defectos (o cosas que no nos gustan) de otra persona suelen ser la otra cara de las cosas que sí nos gustan. A veces no nos damos cuenta de que la misma cualidad que hace que una persona sea ordenada (algo que nos gusta) puede que sea la misma que, en ocasiones, le hace un poco cuadriculada o inflexible (no nos gusta). Que sea muy sociable y tenga muchos amigos (nos gusta) puede provocar que, en ocasiones, nos preste menos atención de lo que desearíamos (no nos gusta). La misma manera de ser que nos parece relajada y tranquila (nos gusta) es la misma que quizá en otras circunstancias nos desespera y nos lleva a calificarla de "sangre de horchata" (no nos gusta). Si lo piensas, te darás cuenta de que podemos llegar a querer lo imposible. Queremos encontrar una persona que sea muy cariñosa (nos gusta) pero que no sea demasiado emocional (no nos gusta). Que sea muy extrovertida y comunicativa (nos gusta) pero que a la vez no nos agote hablando de más cuando estamos cansados (no nos gusta). Sin embargo, tal vez no se puede tener una sin la otra. Piénsalo. Quizá la misma propiedad que hace saludable al brócoli (y otras plantas similares) es la misma que arruina su sabor.

A su vez, otro de los motivos por los que es necesario tener claro lo que buscas es que las cualidades que más deberían importarnos son normalmente las más difíciles de detectar. Por eso, normalmente la gente acaba eligiendo en función de los rasgos que son más visibles y notorios en lugar de hacerlo en función de los rasgos que realmente necesita. Es mucho más fácil distraerse con esos ojos verdes que te fascinan y ese físico que te hipnotiza que fijarse en si hace la declaración de la renta dentro de los plazos previstos. Es más, incluso cuando intentas fijarte en lo relevante, es realmente difícil saber si estás acertando. Como decíamos, no son cualidades que se puedan observar o medir con facilidad y ya hemos visto lo buenos que somos engañándonos a nosotros mismos. La mente quiere creer lo que el corazón anhela. Por eso, las relaciones son un terreno especialmente fértil para ese fenómeno que los psicólogos han bautizado como "ilusión positiva" y que consiste en nuestra tendencia a sobreestimar los rasgos deseables de nuestra pareja y las probabilidades de éxito de nuestra relación. Sistemáticamente, la gente que está inmersa en las primeras etapas de una relación tiende a pensar que les va a ir mejor de lo que, en comparación, creen sus amigos o su familia[18]. Pero, en realidad, oh sorpresa, la familia y los amigos suelen ser mucho mejores prediciendo el futuro de la pareja[19]. Es más, incluso completos desconocidos pueden ser mejores jueces de tu relación que tú mismo. Fíjate por ejemplo en este estudio en el que un grupo de investigadores encontró que simples observadores independientes sin ninguna relación con una pareja cualquiera eran capaces de predecir con un 81 % de precisión si seguirían juntos cinco años después simplemente viéndoles interactuar en video durante 10 minutos[20]. Las pistas están ahí, pero según parece nos cuesta verlas. Si el amor no es ciego, al menos necesita gafas.

Dos sugerencias y un *CHECKLIST*

Por eso, ante esta dificultad, me atrevo a plantearte dos posibles sugerencias. La primera pasa por recordar que muchas veces es más fácil ser objetivo desde fuera que desde dentro. En el amor, igual que con los cuadros impresionistas, un poco de distancia aclara la visión. Así, puede ser una buena idea estar abierto

[18] Murray, S. L., and J. G. Holmes. "A Leap of Faith? Positive Illusions in Romantic Relationships." Personality and Social Psychology Bulletin 23 (1997): 586–604.

[19] Agnew, Christopher R., Timothy J. Loving, and Stephen M. Drigotas. "Substituting the Forest for the Trees: Social Networks and the Prediction of Romantic Relationship State and Fate." Journal of Personality and Social Psychology 81, no. 6 (2001): 1042.

[20] Waldinger, Robert J., Marc S. Schulz, Stuart T. Hauser, Joseph P. Allen, and Judith A. Crowell. "Reading Others' Emotions: The Role of Intuitive Judgments in Predicting Marital Satisfaction, Quality, and Stability." Journal of Family Psychology 18, no. 1 (2004): 58.

a las opiniones y recomendaciones de los demás, especialmente de la gente que, como tu familia o tus amigos, te quiere y quiere lo mejor para ti. Escúchales como si realmente existiera la posibilidad, por mínima que sea, de que pudieran saber algo que tú no sabes.

La segunda sugerencia tiene que ver con aprender a definir con precisión aquellas cosas en las que fijarse exactamente. Cuando alguien va a comprar un coche, es bueno que tenga claro los parámetros que considera más relevantes: potencia, seguridad, fiabilidad, etc., pero ¿en qué debería fijarse en concreto para saber que esas cualidades están presentes en un modelo determinado? Del mismo modo, tal vez sabemos que, en el amor, debemos buscar a alguien generoso, estable, responsable, etc., pero ¿qué significa eso realmente? ¿Cuáles son las manifestaciones externas que indican que existe esa cualidad? No es sencillo. Por eso, al igual que hacen los expertos en selección de personal, puede resultar aconsejable contar con un listado previo de indicadores que te ayude a contrastar e identificar la presencia de esas cualidades que vas buscando.

Aquí van, a modo de ejemplo, algunos comportamientos concretos a los que quizá quieras prestar atención:

¿Cómo reacciona ante las críticas? Cualquier proyecto común requiere que sus integrantes puedan hablar sobre las cosas que no funcionan y comunicar abiertamente aquellos aspectos en los que se precisa mejorar. Necesitas poder decir la verdad. Necesitas a alguien que sea capaz de escucharla, incluso cuando

duele. O, mejor dicho, sobre todo cuando duele. Sin embargo, como sabes, no todo el mundo se comporta igual ante las críticas. Nunca es sencillo recibirlas, pero la gente que tiene un ego frágil e inseguro tienden a reaccionar especialmente mal ante las verdades difíciles. Si responde con agresividad o frustración excesivas, si demasiado a menudo tienes que caminar de puntillas para que no se ofenda... probablemente deberías seguir caminando, pero en la dirección opuesta... y cuanto más lejos mejor.

Cuando surgen conflictos ¿es siempre la víctima? ¿Tiende a echar la culpa de los problemas y los fracasos siempre a los demás o a las circunstancias? ¿Encuentra siempre una excusa para justificarse? Lo peligroso de las excusas es que son enormemente cómodas, siempre hay una disponible y siempre encierran algo de verdad. Pero nunca son toda la verdad. Lo terrible de las excusas es que el precio que pagas por liberarte de tu propia responsabilidad es tremendamente caro. Las excusas bloquean e imposibilitan el camino hacia la mejora y el crecimiento, encadenando a quienes las usan (y a los que tienen cerca) a sufrir eternamente los mismos problemas. Cada vez que aparece una excusa, le roba el espacio a una posible solución. En palabras de Stephen Covey, si alguien piensa que el problema siempre está fuera, ese pensamiento es el problema.

¿Suele pedir perdón o reconocer sus errores con prontitud, objetividad y humildad? ¿Es capaz de pedir ayuda? Pocos comportamientos son tan importantes para el éxito

de una relación. Pocos comportamientos representan un síntoma mayor de seguridad interior.

¿Cómo reacciona ante tus logros? Las personas intrínsecamente seguras no se sienten amenazadas por las victorias de los demás. A su vez, la capacidad de alegrarse genuinamente por los éxitos ajenos es un indicador especialmente relevante porque, como han descubierto los estudiosos del amor, más que el modo en el que una pareja se enfrenta a lo negativo, es el modo en el que es capaz de celebrar lo positivo lo que mejor predice su estabilidad y su satisfacción[21]. Igualmente, es aconsejable observar cómo reacciona ante las alegrías y satisfacciones que provienen de otras personas distintas a él o a ella. *¿Se alegra genuinamente cuando disfrutas de la compañía de otras personas cuando él o ella no está presente?* No importa cuánto se intente disfrazar de amor la envidia y los celos, ambos son veneno para las relaciones y manifiestan las carencias de quienes los experimentan.

¿Tiende a ver lo bueno de las situaciones y las personas que le rodean o suele hacer hincapié en lo malo y lo negativo? ¿Cuál es la proporción de comentarios positivos y negativos que aparece en sus conversaciones? ¿Se enfoca en los problemas o en las soluciones? En casi todo matrimonio puede llegar a haber mil motivos (siendo comedido)

---

[21] Gable, Shelly L., Courtney L. Gosnell, Natalya C. Maisel, and Amy Strachman. "Safely Testing the Alarm: Close Others' Responses to Personal Positive Events." Journal of Personality and Social Psychology 103, no. 6 (2012): 963–81.

para separarse. La cuestión es encontrar y centrarse en los motivos que existen para permanecer unidos. Si puedes elegir, escoge a alguien que se fije en los segundos antes que en los primeros. Además, no olvides que vemos e interpretamos el mundo no solo con nuestros ojos sino también a través de la mirada de la gente que nos rodea. Cómo el de al lado saborea la realidad acaba afectando inevitablemente al modo en el que tú también lo haces... y hay gente a la que casi todo le sabe a brócoli.

¿Es capaz de perdonar con facilidad o suele quedar atrapado por el rencor? Supongo que no hace falta explicar cómo en un mundo imperfecto y habitado por individuos imperfectos solo aquellas personas que posean la difícil habilidad de perdonar las imperfecciones ajenas (y las propias) podrán mantener relaciones auténticamente duraderas.

¿Cómo se comporta ante los conflictos y las discusiones? ¿Es capaz de discrepar mostrando comprensión y respeto? Recuerda que siete de cada diez problemas, como el asesinato de Kennedy, no se resuelven nunca. Cuidado con aquellas personas que tienen el gatillo fácil a la hora de disparar juicios y que enarbolan rápidamente la bandera de "conmigo o contra mí". Valora a aquellas que se esfuerzan por convivir en paz con la diferencia y el desacuerdo.

¿Es capaz de manifestar sus deseos y necesidades de una manera amable pero firme? Es importante, si no fundamental, preocuparse por buscar y procurar el bien del

otro, pero es igual de importante no sacrificar sistemáticamente tus propios deseos y necesidades en ese
proceso. En muchas ocasiones, las personas demasiado amables, empujadas por su inclinación a agradar
y evitar el conflicto, suelen renunciar con demasiada
frecuencia a defender su postura o manifestar su criterio, lo cual es siempre una mala noticia para las dos
partes. Podrías cometer el error de pensar que todo
sería más fácil con alguien que no sabe decir que no,
pero para que una relación funcione, las dos partes
deben ser capaces de saber qué es lo que quieren y
necesitan y pedirlo con cariño, pero también con fir-
meza y asertividad.

¿Cuánto tiempo y energía dedica a ayudar a otros? No
hace falta que busques al sucesor de la Madre Te-
resa o al próximo Nobel de la Paz, pero observar
si alguien realiza (con cierta regularidad) comportamientos de ayuda a los demás o incluso tareas de
voluntariado puede ser un buen un indicador de su
capacidad de preocuparse por alguien más allá de sí
mismo y de su generosidad.

*¿Qué tal le va en los estudios o en el trabajo? ¿Acaba lo
que empieza con regularidad? ¿Cumple su palabra y sus
compromisos?* Recuerda que es imposible construir
nada con materiales quebradizos por muy bellos y
fascinantes que sean. Mejor contar con una persona
autosuficiente, fuerte, dueña de sí misma y fiable que
aguante su peso y el tuyo si es preciso, así como las
inclemencias propias de toda relación.

¿Cuál es la calidad y la cantidad de sus amistades y relaciones? ¿Tiene muchos y buenos amigos? Una vez escuché de boca de un sabio que la categoría de un ser humano puede medirse por el número y la calidad de sus vínculos. Quizá eso sea discutible, pero de lo que no hay duda es de que al menos es un indicador de su capacidad para establecer relaciones profundas y duraderas. Recela de las personas que no conservan a sus amigos. Pocas señales de peligro son tan claras como esa. Igualmente, observa y analiza cómo son sus amistades. "Dime con quién andas y te diré quién eres". Como sugiere el refranero español, mucho puede saberse de alguien prestando atención a sus amigos y compañías.

¿Cómo trata a las personas de su entorno? Suele ser recomendable fijarse en cómo son sus interacciones con todas esas personas (sus padres, sus hermanos, etc.) a las que (a diferencia de su pareja) quizá ya no sienta la necesidad de impresionar. Y, sobre todo, *¿cómo trata a las personas de las que no necesita nada?* Puedes seguir buscando, pero ya te adelanto que no existe un criterio mejor para medir la empatía y la calidad moral de los seres humanos.

¿Cómo es de realista? ¿Cómo gestiona la frustración? Ten cuidado de todos aquellos que quieran vivir siempre en un mundo de magia y fantasía. El matrimonio es un ejercicio de realismo constante. No todo es poesía. Es necesario saber convivir con la prosa. No todo es aventura. Es necesario saber coexistir con la rutina. Es necesario saber esperar lo ordinario y lo imperfecto.

¿Considera importante leer o formarse sobre el amor? Por supuesto que leer un libro o hacer un curso no es suficiente para aprender a amar, pero es un indicador importante porque muestra que se concibe el amor como un arte o una habilidad en la que se puede trabajar, crecer y mejorar. No puedes pedir más, pero tampoco deberías conformarte con menos. Los que creen que el amor, como el agua de lluvia, cae del cielo a su propio antojo tarde o temprano acaban muriendo de sed. Te recomiendo elegir a alguien que realmente entienda la necesidad de construir pozos y presas y que esté incluso dispuesto a desalar el mar si es necesario.

Naturalmente, todas estas preguntas no son más que un ejemplo. Tómate tu tiempo y añade las tuyas. Pocas inversiones podrán generarte mayor rentabilidad. Por supuesto, cuando analices las respuestas respecto a una persona concreta recuerda que todos, en determinadas circunstancias, podemos comportarnos de manera inusual e incluso contradictoria, por eso lo importante es buscar e identificar no tanto acciones aisladas sino sobre todo los patrones principales. A su vez, ten en cuenta que cuanto más atraído te sientas hacia una persona más difícil te resultará ser objetivo respecto a sus posibles defectos o carencias. Por eso aquí te dejo una última pregunta que quizá te ayude a combatir esta tendencia tan nuestra al autoengaño: *¿Recomendarías esta persona a tu propio hijo o a tu mejor amigo?* Trátate como alguien a quien merece la pena cuidar y proteger. No aceptes riesgos para ti que no asumirías para la gente a la que más quieres.

Finalmente, no olvides hacer este ejercicio contigo mismo. Al fin y al cabo, puede que seas tú quien no esté preparado o preparada para semejante desafío. Todo el mundo quiere encontrar la pareja perfecta, pero pocos son los que se preocupan de serlo. Además, es difícil atraer y conservar a una persona que cumpla estos requisitos cuando tú no lo haces, ¿no crees? A veces, en lugar de preguntarnos: «¿Cómo puedo encontrar a la pareja que es adecuada para mí?», quizá deberíamos preguntarnos: «¿Cómo puedo convertirme en alguien que pueda ser la pareja adecuada para otro?».

Por último, sabiendo que el otro nunca será perfecto y que los problemas, los desencuentros y las frustraciones son inevitables (a sus defectos tienes que sumarle los tuyos) y, además la mayoría no se resuelven, la gran pregunta que debemos hacernos es ¿merece la pena perseguir el amor? ¿Realmente merece la pena subir al Everest?

7.
EL VERDADERO DESCUBRIMIENTO
DE DARWIN
(o ¿merece la pena perseguir el amor?)

EN LA PRIMAVERA DE 1838 uno de los más grandes científicos que recuerda la historia estaba enfrascado en uno de los más grandes interrogantes con los que se había encontrado nunca. Después de cinco años viajando alrededor del mundo intentando desentrañar los profundos secretos de la naturaleza y de la vida, el estudioso que acabaría transformando el modo de pensar de todo el planeta se enfrentaba a una incógnita que, esta vez, solo él podía responder. Desde que había regresado, la relación con su querida y adorable Emma se había vuelto especial. Sorprendentemente especial. El mundo tal y como lo concebía comenzaba a tambalearse. Sus planes y proyectos futuros, tan claros y cristalinos hasta entonces, se volvieron borrosos. Había llegado el momento de tomar una decisión. Así pues, consciente de lo que estaba en juego, Charles Darwin hizo lo que mejor sabía. Abrió su inseparable cuaderno y una botella de su whiskey preferido. Suspiró una vez más y, como en otras ocasiones, dibujó una línea dividiendo la hoja en dos. En el lado izquierdo escribió "casarse" y en el derecho "no casarse". Y arriba en el centro garabateó con rapidez: «*This is the question*». Sonrió pensando que Shakespeare también estaría de acuerdo. Vació el vaso, paladeándolo, y comenzó a rellenar las dos columnas[1].

Darwin, el estudioso obsesionado en descifrar el modo en el que los seres vivos seleccionan a sus parejas, se encontraba desorientado ahora que debía decidir sobre la suya. Sin embargo, no cabe duda de que las preguntas que Darwin se hacía siguen resultando hoy igual de legítimas. ¿Realmente tiene sentido elegir solamente a una persona y renunciar a todas las demás? ¿Tiene sentido hacerlo sabiendo que alguna de las personas a las que renuncias (y a las que quizá todavía no conoces) podría incluso ser mejor que la que hayas escogido? ¿Es razonable renunciar a tu independencia y a tu autonomía? ¿Es sensato hacerte responsable de alguien más allá de ti mismo? ¿Es prudente volverte vulnerable hasta el extremo de vincular y hacer depender tu felicidad de otro ser humano? ¿Merece la pena comprometerse a amar a una sola persona? Definitivamente, «*this is the question*».

EL AMOR Y SUS DILEMAS

Jarry Seinfeld, uno de los grandes maestros de la comedia, decía: «Cuando estaba soltero tenía amigos

---

[1] Efectivamente, en dos ocasiones durante un periodo de cuatro meses (abril y julio de 1838), Darwin realizó un listado de los pros y los contras de contraer matrimonio con Emma Wedgwood. Este curioso documento se conserva actualmente en los archivos de la Biblioteca de la Universidad de Cambridge.

casados. Nunca iba a verlos a su casa. Sus vidas me parecían patéticas y deprimentes. Ahora que estoy casado no tengo amigos solteros. Sus vidas me parecen superfluas y vacías de sentido. Creo que en ambos casos tenía razón»[2]. Obviamente no es más que un chiste, pero pone de manifiesto una de las dicotomías a las que, de alguna manera, todos nos enfrentamos antes o después. En el ámbito del amor y de las relaciones todos queremos seguridad y lealtad por un lado, y excitación y novedad por el otro. Pero desafortunadamente ambos deseos apuntan en direcciones opuestas. Resulta complicado mantener la sensación de aventura y sorpresa con la persona con la que llevas conviviendo 15 años. Pero supongo que tampoco resulta sencillo alcanzar la estabilidad si cada fin de semana te despiertas en la cama de alguien diferente. No parece posible poseer las dos. En cada una de las opciones estamos condenados a añorar la otra parte de la ecuación. Si escoges el compromiso puede que eches de menos la pasión que emana de lo nuevo. Si optas por el cambio y la novedad constante podrías preguntarte como sería una vida entregada a construir un proyecto único y exclusivo. Es como si hubiera que elegir entre dos variedades alternativas de sufrimiento. ¿Qué va a tomar de primero? ¿Monotonía o superficialidad?

A primera vista, el matrimonio, entendido como un compromiso exclusivo e inquebrantable entre dos personas, parece una locura poco aconsejable. Si somos seres imperfectos repletos de limitaciones, ¿qué

---

[2] Si quieres reírte con su sentido del humor te recomiendo su especial de Netflix: "23 hours to kill".

sentido tiene sumar las manías, carencias y debilidades de otro a las que tú ya tienes? ¿Cómo podría salir bien semejante combinación? ¿Por qué atarte indefinidamente a alguien que es tan defectuoso como tú? ¿Por qué no simplemente disfrutar de cada relación mientras dure asumiendo que, como las estaciones del año, tiene una fecha de caducidad?

Además, según sugieren los expertos, la monogamia permanente no es el resultado de una inclinación natural en el ser humano[3]. No parece que estemos equipados biológica y psicológicamente para mantenernos avanzando por inercia en el camino del amor. Más bien, al cabo de un tiempo, una vez que el impulso inicial se va apagando, lo normal es ir quedándose parado en mitad de la vía y fantaseando sobre cuándo pasará el próximo tren. Pero, si el compromiso permanente no es algo natural… ¿por qué perseguirlo? Si se trata de un camino que irremediablemente implica esfuerzo, desafíos, renuncias, frustraciones y complicaciones… ¿Por qué obstinarse? Suena igual de razonable que empeñarse en tener un puercoespín como animal de compañía. Quizá haya otras opciones más suaves y cariñosas.

Amor, felicidad, sentido… y Rambo

No obstante, a pesar de todo, los estudios muestran de manera consistente que, independientemente del

---

[3] Ryan, C., Jethá, C., Johnson, A., & Davis, J. (2011). Sex at dawn: How we mate, why we stray, and what it means for modern relationships. New York: Harper Perennial.

país y de la cultura, las personas casadas son, generalmente, más felices que las que no lo están[4]. ¿Cómo
es esto posible? Una explicación probable apunta a
que, aunque ciertamente el matrimonio no es un camino sencillo, tal vez las alternativas tampoco son
mucho más llevaderas. Como escribía Erich Fromm,
«naces y mueres solo, y en el paréntesis la soledad es
tan grande que necesitas compartir la vida para olvi-
darlo». Es duro escucharlo, desde luego, pero cualquiera le lleva la contraria.

La vida en sí misma es una tarea donde irremediablemente se alternan y se entremezclan las dichas con
los infortunios, las satisfacciones con las tragedias, las
bendiciones con las desgracias. Quizá por eso, la vida
no se experimenta igual cuando se comparte. Como
defiende la sabiduría popular, las alegrías compartidas
se multiplican mientras que las penas se dividen. Y parece que la neurociencia lo ratifica. Fíjate si no en este
estudio donde muestran que, en situaciones de sufrimiento, cuando las parejas se cogen de la mano, sus
ondas cerebrales se sincronizan y los niveles de dolor

---

[4] Para entender mejor la relación entre el matrimonio y la Felicidad
puedes recurrir a cualquiera de las muchas fuentes que certifican esta
conexión como, por ejemplo, Stack, S., & Eshleman, J. R. (1998).
Marital Status and Happiness: A 17-Nation Study. *Journal of Marriage and Family*, 60(2), 527–536; Zimmermann, A. C., & Easterlin,
R. A. (2006). Happily ever after? Cohabitation, marriage, divorce,
and happiness in Germany. Population and development review,
511-528; Grover, S., & Helliwell, J. F. (2019). How's life at home?
New evidence on marriage and the set point for happiness. Journal of Happiness Studies, 20(2), 373-390; Seligman, M. E. (2002).
Authentic happiness: Using the new positive psychology to realize
your potential for lasting fulfillment. Simon and Schuster.

que experimentan disminuyen[5]. Olvídate del ibuprofeno, el amor es el mejor analgésico ante ese sufrimiento que irremediablemente va aparejado a toda existencia.

De hecho, parece difícil imaginar una existencia plena y feliz sin amor. Ciertamente, la felicidad es el resultado de la mezcla de muchos ingredientes distintos, pero existe un enorme consenso sobre cómo el número y la profundidad de las relaciones personales es el factor más determinante a la hora lograr una vida feliz[6]. George Vaillant, uno de los investigadores principales del estudio longitudinal más completo que existe sobre la felicidad[7] afirmaba: «Hay dos pilares sobre los que asentar una vida feliz. Uno es el amor. El otro es encontrar una forma de afrontar la vida que no nos aleje del amor»[8].

Quizá esto se explica porque, como argumentaba Viktor Frankl, no es posible ser feliz si sientes que tu vida no tiene sentido[9]. Tal y como él mismo obser-

---

[5] Goldstein, P., Weissman-Fogel, I., Dumas, G., & Shamay-Tsoory, S. G. (2018). Brain-to-brain coupling during handholding is associated with pain reduction. Proceedings of the national academy of sciences, 115(11), E2528-E2537.

[6] Saphire-Bernstein, S., & Taylor, S. E. (2013). Close relationships and happiness. Oxford handbook of happiness.

[7] El Harvard Study of Adult Development es un proyecto fascinante liderado en la actualidad por Robert J. Waldinger y que, a lo largo de cuatro generaciones de investigadores, ha estudiado la vida de 724 hombres durante más de 75 años para identificar los factores más relevantes de cara a la felicidad y la salud. Puedes ver un más que recomendable resumen de sus conclusiones en su charla TED "¿Qué resulta ser una buena vida?". Si eso te sabe a poco puedes leer su libro *The Good Life: Lessons from the World's Longest Study on Happiness*.

[8] Vaillant, G. E. (2012). *Triumphs of experience*. Harvard University Press.

[9] Si no lo has hecho ya, te recomiendo encarecidamente que leas uno de los libros más sobrecogedores y esclarecedores al mismo

vó una y otra vez parafraseando a Nietzsche, quien tiene un "porqué" para vivir puede soportar cualquier "cómo", pero la falta de sentido y de propósito (por mucho que te sobre de todo lo demás) hace que cualquier vida se vuelva insoportable. Y es el amor, y sólo el amor, el que carga de sentido tu existencia. El sentido de tu vida, por mucho que busques, nunca puedes alcanzarlo mirando hacia adentro. Una vida centrada sobre sí misma se consume y se agota como una llama que no tiene nada más de lo que alimentarse. Paradójicamente, lo que dota de sentido cualquier existencia se encuentra siempre más allá de ella misma. En palabras de Martin Luther King, la vida empieza a cobrar sentido sólo cuando encuentras a algo o a alguien por el cual estarías dispuesto a perderla. Por eso, como sugería John Rambo en una de sus últimas películas (si, has leído bien, he dicho John Rambo), es mejor morir por algo que vivir por nada[10]. Pero claro, solo puedes entregar tu vida por aquello que amas. Y no hay mayor signo de amor que entregarla en su totalidad y hasta el extremo. Y ¿acaso no es precisamente eso el matrimonio?

Por supuesto, existen muchas relaciones de amor que no son las del matrimonio, o ni siquiera de pareja. Pero, debido a su naturaleza voluntaria, profunda,

---

tiempo sobre la mente humana: *El hombre en busca de sentido*, donde este psiquiatra judío relata su experiencia en los campos de exterminio nazi. En serio, hazme caso, no lo dejes pasar.

[10] Ni que decir tiene que yo soy el primer sorprendido en utilizar a Rambo como un referente a la hora de hablar sobre el amor y el sentido de la vida. Desde luego, la vida es asombrosa, ¿verdad? Por otro lado, ya tienes una excusa intelectual para ver *Rambo IV*. De nada.

intensa y radical, la relación dentro del matrimonio es, probablemente, la más decisiva, relevante y paradigmática de todas ellas.

Por otro lado, déjame aclarar que señalar la relación que existe entre el amor y la felicidad es muy distinto que sugerir que para ser feliz has de casarte. De hecho, sería un gran error arrojar la responsabilidad de tu felicidad sobre alguien distinto de ti mismo. Afortunada o desafortunadamente, no hay persona que pueda asumir ese rol, por lo que dicha expectativa, igual que un recurso presentado ante el Ministerio de Hacienda, está irremediablemente destinada al fracaso y la decepción. Igualmente equivocado sería pensar que la finalidad del romance es la felicidad mutua. La felicidad es una maravillosa consecuencia del amor, pero no su fin. El amor no tiene finalidad más allá de sí mismo. No puede ser instrumentalizado sin desvirtuarse y transformarse en algo distinto. Cuando se busca el amor por un motivo ajeno al amor mismo, este se evapora como una pompa de jabón que intentas atrapar entre tus manos.

Amor y sentido son dos caras de una misma moneda. Somos buscadores de amor porque somos buscadores de sentido y viceversa. El amor es un requisito para el sentido y, por tanto, para la felicidad. Ahora bien, ¿es posible amar de verdad sin comprometerte con aquello que amas?

VIVIR EN UNA ROTONDA

Si compartes mi manera de ver las cosas, pensar en el amor sin compromiso es igual de inconcebible que imaginar una paella sin arroz, un mar sin agua o un Hitler sin bigote. Forma parte de su propia esencia. Como apunta Robert Sternberg[11], uno de los grandes estudiosos sobre el tema, el amor solo es completo cuando la pasión y el cariño (los dos elementos fundamentales del amor romántico) van acompañados del compromiso (es decir, de la decisión de amar a otra persona y la determinación de mantener esa decisión en el tiempo). Parece difícil sentirse amado por alguien que te dice: «Te amo, pero solo un poco. Te amo, pero solo un rato. Te amo, pero solo mientras sea fácil. Te amo, pero solo mientras no me cueste». Un amor con reservas, medido con cuentagotas, probablemente no merece tal nombre.

Ahora bien, comprometerse con algo significa ser capaz de decir "No" a todo lo demás. Y eso no es malo, porque, aunque suene paradójico, el rechazo es el único modo de progresar. Solo puedes avanzar realmente por un camino si renuncias a recorrer todos los demás. El compromiso y la dedicación que requiere cultivar a fondo, por ejemplo, un arte suele ser incompatible con implicarse en otros a ese mismo nivel. Para dominar y apreciar algo de verdad debes enfocarte plenamente en ello. A no ser que te llames Leonardo y te apellides da Vinci, no suele ser sencillo convertirse en un gran pintor sin, a la vez, renunciar a ser un gran músico, un gran arquitecto, un gran físico nuclear o, por qué no, un gran lepidopterólogo (sí, la gente a la que le gustan los bichos

---

[11] Sternberg, R. (1989). *El triángulo del amor: Intimidad, pasión y compromiso*. Editorial Paidós.

también son personas). Son todos esos otros posibles yoes que has decidido rechazar, los que definen tu yo actual. Warren Buffet, uno de los hombres más ricos del planeta, lo tiene bastante claro: «Lo que diferencia a la gente normal de la gente exitosa es que la gente realmente exitosa en algo dice que no a casi todo lo demás». Y lo mismo pasa con las relaciones y el amor. Es inviable comprometerte con una persona sin, de algún modo, decir NO a todas las demás.

Por eso, cuando algunas personas intentan huir del compromiso como una manera de mantener sus opciones abiertas, lo único que pueden obtener a cambio es una falsa y vacía sensación de libertad. Una mera ilusión. Un espejismo que, tras desvanecerse como el humo, no deja más que desierto y sed. No comprometerse con algo o con alguien para sentir que aún sigues pudiendo elegir es como quedarse dando vueltas en una rotonda indefinidamente para así tener la sensación de que todavía podrías elegir cualquier destino. Desgraciadamente, con esa estrategia no sólo te perderás cualquiera de esos posibles lugares, sino que, además, aunque no quieras, lo cierto es que ya habrás elegido destino: una triste y mísera rotonda. Espero que la disfrutes.

Comprometerse es la única manera de progresar. Hay un tipo de crecimiento que solo es posible mediante esa profundidad que brota tras décadas de dedicación a un solo arte, a un solo camino, a una sola persona. Y es que esa profundidad trae consigo una recompensa que resulta completamente inaccesible desde la superficie. Seguramente las sensaciones que experimentaste al meterte en el mar por primera vez fueron indescriptiblemente embriagadoras. El punzante frescor del agua en tus pies, el sobrecogedor balanceo de las olas... Una sensación irrepetible... literalmente. Porque la segunda vez ya no podrá ser igual que la primera. Nunca lo es. Y, poco a poco, esa intensa sensación disminuye gradualmente según tu cuerpo y tu mente se acostumbran a sumergirse cada día en ese mismo mar. Quizá incluso, con el paso del tiempo, empujado por la nostalgia, podrías llegar a preguntarte sobre el modo de recuperar esa emoción perdida, pero es precisamente habituarte a dichas sensaciones lo que te permite convertirte en alguien capaz de bucear y descubrir las maravillas que se esconden en las profundidades de esas aguas. Por eso, la pregunta es: ¿qué prefieres, aprender a nadar y dominar los secretos del mar o intentar revivir sin éxito lo que sentiste la primera vez que chapoteaste en el agua siendo niño?[12].

¿Y QUÉ HACEMOS CON LOS DEFECTOS?

A su vez, conviene no olvidar un último motivo por el que el compromiso constituye una pieza fundamental de este puzle. Y es que, para la concepción romántica del amor, amar es (y debería ser) sencillo porque el sentimiento (recuerda que para ellos el amor se reduce básicamente a eso), cuando es verdadero, es tan arrebatador que los defectos del ser

---

[12] Este ejemplo lo he cogido prestado de otro de mis libros favoritos de C. S. Lewis: *Mero Cristianismo*. Ese libro cambió mi manera de pensar sobre muchas cosas. Quien sabe, quizá contigo pueda obrar esa misma magia.

amado nunca son un obstáculo. Es más, esas maravillosas y adorables imperfecciones, le hacen aún más
único, amable y encantador. «Esos ronquiditos tan
graciosos que emite mientras duerme son tan cauti-
vadores...». Y, efectivamente, en el mundo real eso
también puede suceder... durante los primeros cinco
minutos de la relación. Según la convivencia avanza,
esos "ronquiditos encantadores" se van trasforman-
do en gruñidos insufribles que sacan lo peor de ti
mientras fantaseas con asfixiarlos con la almohada.
Sirva de ejemplo una terrible noticia de la sección
de sucesos que contaba la historia de aquel hombre
que, después de 40 años de matrimonio, asesinó a su
mujer porque ya no soportaba más los "ruiditos" que
hacía al masticar. Supongo que, una vez en la cárcel,
durante las comidas, su compañero de celda estaría
más tenso que el barbero de Kim Jong-un.

Pretender que seguirás amando los defectos del otro
según progrese la relación es un acto de optimismo casi
entrañable. Pero, como señala Alain de Botton[13], pretender que la gente te ame por tus defectos es un acto
de vanidad casi obscena. Solicitar que te amen "siendo tú mismo" es una aspiración tremendamente injus-
ta (además de poco probable, claro). Como todos los
demás, eres un ser tremendamente imperfecto, "ser tú
mismo" es algo que nunca deberías imponer a nadie...
y mucho menos a aquellos a los que proclamas amar.

---

[13] Muchas de las ideas de este libro (especialmente las que están relacionadas con los peligros de la concepción romántica del amor)
están extraídas de los textos, libros y conferencias de este genial
filósofo suizo.

Por eso, para gran parte de los pensadores clásicos, la idea romántica de amar los defectos del otro hubiera sido un auténtico sinsentido. Los defectos puedes tolerarlos, perdonarlos, comprenderlos... pero ¿amarlos? Complicado. Como ya habrás experimentado muchas veces, lo verdaderamente amable de las personas son sus virtudes, no sus vicios.

De hecho, si amar es querer lo mejor para el otro, eso significa que amar nos obliga a preocuparnos por el desarrollo, la mejora y el crecimiento de lo que amamos. Amar es querer su mejor versión. En efecto, ninguna madre realmente responsable se conformaría con ser complaciente con su hijo, sino que le corrige, le desafía, le anima a responsabilizarse de sus propios problemas, y le exige porque sabe que ese es el único camino para que brote lo mejor de él. Por eso, tú no quieres a tu lado a alguien que crea que eres perfecto (¿realmente querrías estar con alguien que está tan ciego?). Sabes que estás lejos de serlo. Tus ideas no son siempre las mejores y no siempre tienes razón. Así pues, necesitas a alguien que te ayude a enfocarte más en lo que puedes llegar a ser que en lo que eres. Amar a otro es ayudarle a ser su mejor yo, y eso mismo deberías pedirle a tu pareja.

Ahora bien, paradójicamente, este querer la mejor versión del otro solo puede afrontarse y ejercitarse desde su aceptación incondicional. Solo cuando aceptas al otro en su totalidad, con sus luces y sus sombras, puedes estar seguro de que tu deseo de perfeccionarle no proviene del egoísmo y la imposición, sino que nace desde el desinterés, la libertad, el respeto, la autonomía y el amor. Quiero que el otro crezca, pero no para servirme o para que mi vida sea más cómoda y fácil. Como decía Chesterton, no amas a tu rosa porque sea la más bella, sino que quieres que sea la más bella porque es la rosa a la que amas. En la misma línea, no amas a tu equipo porque tenga muchas Champions (en ese caso, ¿quién sería del Atleti?), sino que quieres que tenga muchas Champions porque es el equipo al que amas. No amas a otro porque sea perfecto o tenga las mejores cualidades, sino que quieres que tenga las mejores cualidades precisamente porque es a él a quien amas.

Y es esta aceptación incondicional del otro a pesar de sus miserias lo que convierte el matrimonio en una realidad incomparable. Como afirman aquellos que lo han experimentado, no existe nada más poderoso que el amor incondicional. No existe milagro más bello. No existe don más preciado. No existe refugio más acogedor ni fortaleza más robusta. Y, a la vez, no existe tampoco un anhelo más humano. ¿Quién no sueña con encontrar y recibir ese regalo? Ahora bien, sorprendentemente (o quizá no tanto) no todos se esfuerzan en igual modo por merecerlo. Amar es querer la mejor versión del otro. Pero amar también es querer ser tu mejor versión para el otro. Por eso el amor bien entendido no puede ser sino un camino de crecimiento mutuo.

No olvides tampoco que los defectos, especialmente los del otro, son una oportunidad única para crecer por encima de tus propias capacidades. Sólo gracias a que el otro es imperfecto puedes tú aprender a desarrollar tu paciencia, tu empatía, tu comprensión, tu generosidad, etc. Igual que no puede existir el valor sin un miedo al que enfrentarse, quizá no pueda existir el amor de verdad sin limitaciones y defectos que superar. Quizá, aún mejor que estar preocupados en encontrar la aplicación que, mediante algoritmos, nos ayude a seleccionar a la pareja perfecta, sería preferible preocuparse en aprender a cultivar y ejercitar nuestra tolerancia, desprendimiento, entereza y capacidad de perdonar. Ya lo siento, pero dudo mucho de que, por el momento, haya una *app* disponible para eso.

LO QUE EL PRINCIPITO APRENDIÓ... Y PLATÓN NO

En el fondo, la auténtica compatibilidad entre dos personas es siempre un logro del amor y no tanto una condición previa. Es más una consecuencia de su amor que un requisito. Es el resultado de haber aprendido a amar perfectamente a alguien imperfecto.

En uno de los diálogos más célebres de Platón[14], uno de los personajes (Aristófanes, por si te picaba la curiosidad) expone cómo, inicialmente, cada uno de nosotros estaba formado por cuatro piernas, cuatro brazos y dos cabezas, y sólo cuando los dioses quisieron darnos una lección por nuestra arrogancia, fuimos separados y partidos por la mitad. Y desde entonces, todos sentimos que estamos incompletos y pasamos el resto de nuestros días anhelando y buscando nuestra otra mitad para unirnos de nuevo con

---

[14] Platón (2007). *Banquete*. Traducción, introducción y notas de Marcos Martínez Hernández. Colección Clásicos de bolsillo. RBA Libros. Barcelona.

ella. Pero esta hermosa alegoría, que posteriormente daría lugar a la metáfora moderna de la media naranja, no acaba de reflejar correctamente la verdadera naturaleza del amor. Resulta engañosa porque en realidad no se trata de encontrar esa pieza única del puzle que encaja perfecta y milimétricamente contigo y que (¡oh, porca miseria!), no existe. Sino que, aquellos que lo han vivido coinciden en que más bien se trata de un proceso por el que dos fragmentos (de un material razonablemente similar, aunque distinto) se esculpen mutuamente y, poco a poco, terminan encajando. Un proceso de fusión, una reacción química que, a partir de dos piezas independientes, produce una única realidad en la que cada vez resulta más complejo señalar donde está la juntura, donde empieza una y termina la otra. Una aleación sinérgica que, como el acero, es más fuerte y poderosa que cualquiera de sus componentes originales. Dos cuerdas entrelazadas que se refuerzan la una a la otra multiplicando su resistencia. Se trata, en definitiva, de una conexión aún más profunda que la lograda por nuestro querido diplozoon, puesto que estos peculiares gusanos consiguen la unión de sus cuerpos, pero, cuando dos personas se aman verdaderamente, logran entretejer también sus almas.

Sin embargo, este proceso de fusión en el que a veces se requiere la presencia de altas temperaturas, choques, impactos y fricciones puede llegar a ser tan arduo y doloroso que, sin un compromiso total y sin fisuras, muchos no resistiríamos. El compromiso mutuo nos permite decir: «Sé que eres imperfecto. Yo también. Las dificultades son inevitables y, a

132

la vez, son el camino que nos permitirá crecer. Así que ninguno abandona. En ningún caso[15]. Lo que haremos será enfrentar los problemas juntos y mejorarnos el uno al otro en el proceso». Tal y como algunos han argumentado, el matrimonio es un espacio que hemos construido nosotros mismos, nos hemos metido dentro y hemos arrojado lejos la llave, no porque estemos locos, sino porque somos conscientes de que hay una parte de nosotros que solo lograremos desarrollar si, ante las adversidades, sabemos que ninguno de los dos puede abandonar de manera fácil e inmediata. En ocasiones, huir puede ser lo más sencillo, pero no necesariamente es lo mejor. Nos comprometemos voluntariamente para obligarnos a resolver aquellos obstáculos que, de otro modo, intentaríamos esquivar. Enfrentarlos y arreglarlos es terriblemente duro, desafiante y difícil. Como demostró Hernán Cortés cuando incendió sus naves frente a las costas mexicanas, hay territorios que sólo pueden ser conquistados cuando la retirada ya no es una opción.

Así pues, que la monogamia o el amor comprometido no sea un producto natural de nuestra biología no implica que no sea igualmente la mejor elección. No hay nada más natural que seguir tus instintos, pero si lo único que haces es seguir tus instintos... no nos engañemos, lo más probable es que acabes en la cárcel. Quizá el matrimonio no sea algo puramente

---

[15] Por supuesto, como es lógico, aquí no me estoy refiriendo a aquellas situaciones en las que la integridad física o psicológica de alguno de los miembros de la relación pudiese estar comprometida.

natural, pero lo cierto es que casi nada de lo que merece la pena lo es (piensa en el arte, el heroísmo, la civilización en su conjunto, etc.). Los celos y la envidia son naturales. Decidir ser generoso con quien lo necesita, aunque ni siquiera le conozcas, va más allá de lo natural. Devolver el golpe a quien te agrede es algo natural. Decidir perdonarle va más allá de lo natural. Huir frente al peligro es algo natural. Decidir enfrentarte a él para salvar a alguien distinto a ti mismo va más allá de lo natural. La magia y el milagro siempre transcienden lo natural. De hecho, quizá no hay nada tan recomendable como perseguir aquello que está por encima de lo natural.

Aunque, tal y como temía el principito, siempre puede haber (y habrá) una rosa más bella que la tuya, lo cierto es que, como él mismo acabó descubriendo, lo que hace que tu rosa sea absolutamente única, más que sus diferentes cualidades, es la relación que has construido con ella. Por eso, una vez asimilado el *shock* y el desconcierto inicial sufrido al encontrarse frente a un enorme rosal, el pequeño príncipe se dio cuenta de que, en realidad, su rosa era ciertamente incomparable. «No sois en absoluto parecidas a mi rosa; no sois nada aún —les dijo—. Nadie os ha domesticado y no habéis domesticado a nadie (…). Sois bellas, pero estáis vacías —continuó—. No se puede morir por vosotras. No hay duda de que un transeúnte común creerá que mi rosa se os parece. Pero ella sola es más importante que todas vosotras, puesto que es ella la rosa que he regado. Puesto que es ella la rosa que puse bajo un globo. Puesto que es ella la rosa que abrigué con el biombo. Puesto que es ella la rosa cuyas orugas maté (salvo las dos o tres que se hicieron mariposas). Puesto que es ella la rosa a la que escuché quejarse, o alabarse, o incluso, algunas veces, callarse. Porque ella es mi rosa».

* * *

El 29 de enero de 1839, seis meses después de escribir su célebre lista de pros y contras, Charles Darwin contrajo finalmente matrimonio con Emma Wedgwood, con quien permaneció casado hasta el día de su muerte. Como no podía ser de otra manera, la suya fue una historia de amor como muchas otras y, a la vez, como ninguna.

«¡Es el día de los días!», escribió eufórico en su diario en cuanto su adorable Emma aceptó, sorprendida, su propuesta de matrimonio. Y, poco a poco, después de darse el "sí quiero", esa atracción y complicidad inicial que les impulsaba a reír y bromear juntos fue transformándose en algo cada vez más sereno, íntimo y profundo.

No siempre fue fácil. Ya sabes que nunca lo es. Emma no compartía las teorías con las que su querido Charles desafiaba al mundo y por las que el mundo, a su vez, le desafiaba a él. Pero, a pesar de sus profundas diferencias, aferrados desde el respeto y la comprensión, permanecieron siempre juntos. Cada vez más unidos. Preocupada incluso por la posibilidad de que las revolucionarias y transgresoras ideas de su marido (calificadas de heréticas por la iglesia anglicana) les impidiesen compartir destino en el más allá, Emma le llegó a escribir en una de sus numerosas y bellas cartas: «Todo lo que te concierne a ti me concierne a mí y me sentiría muy desdichada si supiera que no nos perteneceremos el uno al otro para siempre»[16]. Él, como respuesta, tan solo pudo besar la carta mientras la guardaba tembloroso en su bolsillo.

Las pruebas y las dificultades siguieron llegando. La muerte, siempre sucia y dolorosa en aquellos tiempos, les arrebató a tres de sus hijos (Mary Eleanor, Anny y Charles). Dos de ellos cuando apenas eran bebés. La precaria salud de Darwin tampoco facilitó las cosas. Sus problemas de visión, palpitaciones y episodios constantes y prolongados de vómitos a causa de una infección parasitaria contraída durante uno de sus múltiples viajes les acompañarían durante la práctica totalidad de su matrimonio. Pero, ese sufrimiento y dolor compartido, lejos de debilitar su amor, fue la fragua que terminó de transformarlo en un material cada vez más resistente y robusto.

Los dos entendieron que todo lo demás (hijos, trabajos, posesiones…) solo cobraba sentido cuando estaba supeditado a esa realidad superior que habían creado mediante su entrega mutua. Así, Darwin fue reduciendo drásticamente sus viajes para estar con Emma. No importaba el número de congresos a los que fuera invitado, muy rara vez accedía a pasar una noche lejos de ella. Y, en esas raras ocasiones en las

---

[16] Shortland, M. (1995). Frederick Burkhardt, Duncan M. Porter, Joy Harvey and Marsha Richmond (eds.), The Correspondence of Charles Darwin. Volume 9, 1861. Cambridge: Cambridge University Press, 1994.

que se encontraban separados, se escribían todos los días sin excepción.

Él y Emma caminaban juntos prácticamente a diario y, quién sabe, quizás fue a través de esos largos paseos en los que compartían sueños, inquietudes, miedos y esperanzas donde, poco a poco, dejaron de verse como meros compañeros de viaje y empezaron a comprender que el otro era, en realidad, el destino en sí mismo.

Finalmente, el 19 de abril de 1882, 43 años y 10 hijos después, mientras estaba tendido en su lecho de muerte, Darwin, el hombre que dedicó su existencia a entender las leyes que gobernaban la evolución de los seres, comprendió que nada de eso tenía valor comparado con su gran y verdadero descubrimiento. La explicación sobre el posible origen de la vida palidecía ante la revelación acerca de la realidad que era capaz de dotarla de sentido. Las fuerzas que transforman unas especies en otras eran insignificantes al lado de aquella fuerza que tenía el poder de transformar la existencia en sí misma. Por eso, Darwin hubiera renunciado a cualquiera de sus hallazgos científicos con tal de pasar unos instantes más junto a aquella mujer con quien había descubierto el mayor de todos los misterios del universo. Y así, cuando sabía que su tiempo se acababa dirigió una suave sonrisa al ser a quien más había amado y murmuró satisfecho: «Mi amor, mi preciado amor»[17].

---

[17] Bowler, P. (1995), *Charles Darwin: El hombre y su influencia*, Baltimore: Alianza Editorial.

ESTE LIBRO, PUBLICADO POR
EDICIONES RIALP, S. A.,
MANUEL URIBE 13-15, 28033 MADRID,
SE TERMINÓ DE IMPRIMIR
EN ARTES GRÁFICAS ANZOS, S. L.,
FUENLABRADA (MADRID),
EL DÍA 22 DE FEBRERO DE 2024.